Rosemarie Fischer
Günter Krapp

W0332759

Erich Hackl

Abschied von Sidonie

Schülerarbeitsheft

Manfred Breirather gewidmet

Manfred Breirather mit dem Modell des Sidonie-Denkmals

Er verstarb am 4. Oktober 1999. Uns bleibt die Erinnerung an ein kurzes Stück Lebensweg, auf dem wir ihn in tiefer Verbundenheit begleiten konnten.

Krapp & Gutknecht

Inhalt

© 2018 Krapp & Gutknecht GmbH

Das Verhalten der Menschen gegenüber Sidonie (1.–2. Kapitel – S. 7–31)

1. Suche nach Textbelegen, wie Sidonie und ihr Wesen im ersten Kapitel beschrieben werden. Trage deine Ergebnisse in den Kasten „Sidonies Wesen“ ein.
2. Wie wird Sidonie von den Personen aus Steyr in diesem Kapitel gesehen? Trage deine Ergebnisse jeweils zur Person stichwortartig ein. (Achtung: Die Informationen zur Krankenschwester und zum Arzt folgen erst in Kapitel 2!)
3. Wie beurteilt ihr das Verhalten dieser Personen? Nennt Gemeinsamkeiten und Unterschiede. Die Sachtexte auf der nächsten Seite helfen euch dabei!
4. Trage abschließend parallel zu den Pfeilen ein:
   - **Vorurteile**
   - **verdeckter Rassismus**
   - **offener Rassismus**
   - **offener Rassismus mit Bereitschaft zur Gewalt**

   Vielleicht sind bei einigen Personen zwei Möglichkeiten denkbar!

Sidonies Wesen:

Amalia Derflinger

Portier Mayerhofer

(in Kap. 2)

Amalias Eltern

Krankenschwester (in Kap. 2)

Schlossermeister Derflinger

Doktor Schönauer (in Kap. 2)

Vorurteile und ihre Folgen

Vorurteile

Vorurteile, gehen wir vom Begriff im Sinne von „vorläufigem Urteil" aus, sind zunächst nichts Schlechtes. Das Vor-Urteil „Wale sind Fische" (da sie im Wasser leben) kann durch Informationen und Überprüfen korrigiert werden.

Auch Werturteile wie „Der neue Nachbar ist ein Eigenbrötler" können durch weitere Erfahrungen korrigiert werden: „Er ist nett und umgänglich". Aus dem Vor-Urteil wird ein Urteil.

Ein Vor-Urteil entlastet uns zudem, z. B. eine Meinung zu bilden, bevor wir genau informiert sind. Schwierige Zusammenhänge werden scheinbar einfach verständlich. Solche Urteile sind jedoch oft falsch oder einseitig, da sie nicht mehr überprüft werden. Dadurch setzen sie sich als „Urteil" in uns fest.

Vorurteile im engeren Sinn beziehen sich auf Menschen oder Gruppen. Dabei können sie sowohl positiv als auch abwertend negativ sein: der „lustige Italiener" – der „geizige Schotte".

Vorurteile werden gefährlich, da sie zu Abwertungen und Benachteiligungen anderer führen. Die „Anderen" können Mitglieder einer anderen Freundesgruppe, Ausländer, Farbige oder Andersgläubige sein.

Ein wesentlicher Zweck des Vorurteils ist, mit der Abwertung der „anderen" sich selbst (seine Gruppe) aufzuwerten.

Vorurteile sind nicht rational, sondern gefühlsmäßig und sehr stabil. Deshalb ist es sehr schwierig, mit Tatsachen und Gegenfakten gegen sie anzugehen: Der Vorurteilbehaftete prüft diese nicht oder wählt gewissermaßen mit seiner „Vorurteilsbrille" nur negative Fakten aus, die seine Meinung stützen. Dadurch bestätigen sich diese und werden noch stabiler.

In Krisensituationen dienen Vorurteile dazu, das Gefühl der Sicherheit zu erhöhen. Das Andere, das Fremde wird als bedrohlich empfunden. Schuld und Leid werden nun verstärkt auf andere und Fremde übertragen. Die Auslöser und Ursachen dieser Krise werden im Fremden gesucht. Ein Sündenbock wird so meist gefunden.

Aggression und Gewalt

Aggression und die Bereitschaft, Gewalt anzuwenden, gibt es in vielfältigen Ausfertigungen. Aggression hat auch eine entlastende Aufgabe, sie dient der Durchsetzung und dem Schutz. Rangkämpfe unter Jungen und das energische Durchsetzen in der Kindergruppe helfen, den eigenen Platz zu behaupten und tragen dazu bei, eine gesicherte Position in einer Gruppe zu erhalten.

Psychologen sind sich einig, dass Gewalt oft dort entsteht, wo Menschen Angst haben, mit einer schwierigen Situation oder Bedrohung nicht zurechtzukommen. Das Gefühl der Hilflosigkeit und der Ohnmacht, dem Problem nicht gewachsen zu sein, kann Aggressionen auslösen:

Familienkatastrophen bei Ehescheidung sind ein furchtbares Beispiel dafür, wenn der ehemals geliebte Partner nun angegriffen oder Kinder aus Trennungs- und Verlustangst misshandelt oder gar getötet werden.

Die Aggression kann sich auch auf völlig Unbeteiligte an der misslichen Situation übertragen. Der kleine Bruder wird zum Blitzableiter für die Demütigung in der Gruppe, das eigene Kind zum Prügelknaben für die Rüge am Arbeitsplatz.

Angst und Gewaltbereitschaft suchen den Sündenbock zur Entladung und Entlastung.

Besonders groß kann die Bereitschaft zur Ausübung von Gewalt in Gruppen Gleichgesinnter sein: In der Gruppe fühlt man sich gestärkt und anonym, die Hemmschwelle sinkt. Der Schwache, der sich nicht gegen seine missliche Lage wehren kann, möchte zu den Starken gehören.

Diskriminierung und Rassismus

Diskriminierung meint das Verächtlichmachen und Herabsetzen eines Menschen oder einer Gruppe.
Am bekanntesten ist die Rassendiskriminierung:

Bereits ein äußerliches Merkmal (dunkle Hautfarbe) genügt, einen Menschen in seiner ganzen Persönlichkeit abzuwerten. Der Rassismus behauptet, dass es eine Über- bzw. Unterlegenheit einer menschlichen Rasse gegenüber einer anderen gäbe. Damit liefert er die „Rechtfertigung" für wirtschaftliche und soziale Benachteiligung. Der Abgewertete darf bestimmte Tätigkeiten und Berufe nicht ausüben, kann nicht in wichtige Ämter gelangen.

Die Bereitschaft zu Unterdrückung und Gewaltanwendung wird gesteigert. Im Extremfall werden einer Menschengruppe gar die Menschenrechte abgesprochen. Im Sozialdarwinismus des Nationalsozialismus führte die „Rassentheorie" schließlich zur Legitimierung des Massenmordes und der Ermordung hunderttausender Sinti und Roma.

© 2018 Krapp & Gutknecht GmbH

Ein Lesetagebuch anlegen

(Kopiervorlage)

Kapitel ____________ Seite ____________ bis ____________

- Lege zu jedem Kapitel eine Seite in einem Lesetagebuch an. Gib dem gelesenen Kapitel einen passenden Titel. Dieser soll das Wesentliche des Inhalts treffend erfassen.

____

- Hier trägst du einen Untertitel ein oder eine Schlagzeile zum Kapitelinhalt, die das Wesentliche in einem Satz hervorhebt.

____

Bei den Antworten zu den folgenden Einträgen sollen, wenn möglich, die Textstellen (Seite und Abschnitt) angegeben werden.

- Das möchte ich geklärt haben:

____

____

- Beim Lesen empfand ich:

____

____

- Diese Ereignisse und Verhaltensweisen gefallen mir (Warum? Schreibe eine kurze Begründung.):

____

____

____

- Diese Ereignisse und Verhaltensweisen gefallen mir nicht (Warum? Schreibe eine kurze Begründung.):

____

____

____

- Das würde ich einer Person im Text gerne sagen/das würde ich sie gerne fragen (gib den Namen der Person/en an!):

____

____

____

- Wie könnte es weitergehen? Ich vermute oder erwarte ...

____

____

____

____

© 2018 Krapp & Gutknecht GmbH

Sidonie – Familie Breirather (2. Kapitel – S. 16–31)

➲ Trage zu Hans und zu Josefa in Stichworten ihren Werdegang ein und charakterisiere sie kurz.

Josefa Breirather

Hans Breirather

Josefa S. 21–22 Lies zuerst und trage dann ein. **Hans** S. 27

Weshalb nimmt Josefa die kleine Sidonie?

Warum ist Hans so leicht zu besänftigen?

Wie nimmt **MANFRED** die kleine Sidonie auf?

© 2018 Krapp & Gutknecht GmbH

Erich Hackls Erzählweise

In deinem Lesetagebuch hast du zu den ersten beiden Kapiteln deine Empfindungen beim Lesen notiert.

1. Manche Textabschnitte sind dir sicher aufgefallen. Ergänze zu den Vorgaben (linke Spalte) in die mittlere Spalte ähnliche, die du gefunden hast.
2. Erich Hackls Erzählweise unterscheidet sich von der in anderen Erzählungen. Wie wirkt dies beim Lesen auf dich?

Solche Passagen fallen auf:	Meine Textstelle dazu:	Hackls Erzählabsicht:
Kursiv geschrieben: „[...] Bitte *um dringliche Erledigung der Sache, da vom Magistrate Steyr infolge finanzieller Schwierigkeiten für das Kind weiterhin Pflegebeiträge nicht mehr geleistet werden können.*“ (S. 13) **Genaue Orts- oder Zeitangaben:** „Sieben Kilometer außerhalb [...], liegen rechterhand zwei Wohnhäuser [...]. Im ersten Stock [...], auf Nummer 200, wohnte die Familie Breirather.“ (S. 16) **Zeitgeschichtlicher Hintergrund der Ereignisse:** „Ebenfalls im März hatte Bundeskanzler Dollfuß [...], eine Diktatur errichtet, [...] und die rechtsradikale Heimwehr gefördert.“ (S. 23) **Fehlende Redezeichen:** „Kannst du das überhaupt noch? Ich probier's halt.“ (S. 27) **Indirekte berichtende Rede:** „[...] gestand dann aber, daß ihr Mann sie samt dem schwarzen Bankert aus dem Haus gejagt habe.“ (S. 14)		

So wirkt Hackls Erzählweise auf mich:

© 2018 Krapp & Gutknecht GmbH

Dann machte die Kirche Jagd auf sie (3. Kapitel – S. 32–46)

Gestaltungsaufgaben zu Kapitel 3

Situation (3. Kapitel):

Josefa Breirather ist nach der Trauung nach Hause zurückgelaufen, hat den Kindern das Abendbrot zubereitet und sie ins Bett gebracht. Nun sitzt sie allein am Küchentisch und denkt über die Geschehnisse der letzten Monate, seitdem Hans im Gefängnis Garsten seine Haftstrafe verbüßt, nach. Sie muss allein mit ihren Gefühlen fertig werden. Schließlich schreibt sie einen Brief an ihre Nichte Anna in Wien.

➲ Schreibe einen Brief Josefa Breirathers an ihre Nichte Anna in Wien.

Tipps zum Verfassen von Briefen

Briefe werden oft an uns vertraute Menschen geschrieben. Ihnen können wir uns mitteilen und unsere Gedanken und Nöte anvertrauen. Wir erwarten, dass sie uns antworten.

- Im Brief wird vor allem auf das eingegangen, was einen gerade beschäftigt.
- Dazu ist es wichtig, dem Empfänger mitzuteilen, was seit dem letzten Brief/Besuch/Gespräch alles geschehen ist.
- Die Leserin/der Leser muss sich in dich hineinversetzen können. Dazu muss er oder sie deine Denkweisen nachvollziehen können und wissen, welche Ereignisse oder Gedanken dich zu deinen Schlüssen oder Fragen anregen.

Vorbereitung des Schreibens

- Berücksichtige, dass du die Rolle Josefas einnimmst.
- Zur Einstimmung brauchst du einen ruhigen Platz. Schaue dir ein Bild Josefas an, ein Familienbild vielleicht. Versuche, dir ihre Gefühle vorzustellen. Bedenke, was sie alles seit Hans' Haftantritt bewältigen und leisten musste.
- Versuche auch, an ihrer Stelle an die weitere Zukunft zu denken.

Mache dir Notizen, was in ihrem Brief enthalten sein sollte. Die Notizen stellen gewissermaßen das „Gedächtnis der Person" dar, in deren Denkweise du dich versetzt. Berücksichtige dabei:

- den Anlass des Schreibens,
- die Überlegung, warum Josefa und Hans nicht früher geheiratet haben,
- die Umstände, die zu dieser Trauung geführt haben,
- die Hochzeitszeremonie und das Positive, das Josefa dort erfahren hat und
- die Erfahrungen, die Josefa während Hans' Haft machen musste, um die Familie ernähren zu können.

Weitere Informationen über die Auseinandersetzungen zwischen den Sozialdemokraten und der Katholischen Kirche findest du auf der Infoseite, S. 13. Diese helfen dir, nachzuvollziehen, wie Hans und Josefa damals zur Kirche standen.

© 2018 Krapp & Gutknecht GmbH

Innerer Monolog Josefas auf dem Heimweg vom Gefängnis

Situation (3. Kapitel):

Josefa, innerlich hin- und hergerissen zwischen Wut und Rührung, hat sich im Gefängnis von Hans verabschiedet und macht sich auf den Weg zurück nach Letten.

Textvorlage:
„Auf dem Heimweg dann, während Manfred neben ihr hertrippelte, liefen der Frau Tränen über das Gesicht. Josefa wischte sie nicht weg." (S. 46)

➲ Schreibe Josefas Gedanken auf.

In der Literatur finden wir den Inneren Monolog dort, wo das Innere, das Denken und Fühlen einer Figur verdeutlicht werden soll.
Ergänze dementsprechend den in Kapitel 3 nicht vorhandenen Inneren Monolog.

Tipps zum Gestalten eines Inneren Monologs

Die wohl persönlichste Form, die das Fühlen und Nachdenken eines Menschen am intensivsten zeigt, ist der Innere Monolog. Der Innere Monolog ist ein Selbstgespräch, das jemand mit sich führt, wenn etwas Wichtiges geschehen ist.

Kinder führen gern Selbstgespräche zum Zeitvertreib, in denen sie sich selbst mit „du" ansprechen. Auch Erwachsene verwenden diese Form, um Probleme zu überdenken oder wichtige Entscheidungen abzuwägen. Dabei sind sie oft in einer Konfliktsituation.

Wie stimme ich mich auf diese Situation und Josefas Denken und Fühlen ein? Eine gute Hilfe zur Einstimmung sind auch hier Bilder oder Fotos. Genauso gut kannst du aber deine Fantasie und Vorstellungskraft einsetzen:

- Du brauchst einen ruhigen und gemütlichen Platz.
- Schließe während des Lesens der Szene ruhig auch einmal deine Augen, um dir das Geschehen vorzustellen.
- Versuche, die Ereignisse aus der Situation Josefas mitzuerleben. Dabei versinkst du in Gedanken in die Figur Josefa.
- Lege ein Stichwortverzeichnis an, um nichts Wichtiges zu übersehen: Berücksichtige auch die bisherigen Erlebnisse und Erfahrungen der Figur, denn diese bestimmen deren Haltung mit!
- Sammle alle Gedanken, die dir durch den Kopf gehen.
- Erinnere dich, als wäre der Vorfall gerade jetzt geschehen.
- Versuche einmal die „MindMap-Methode":

  Fertige eine einfache Skizze an mit Stichworten zur Handlung, mit Pfeilen oder Strichen. Diese können auf andere Stichworte verweisen, die Zusammenhänge und/oder eigene Überlegungen aufzeigen. Ergänze das Ganze mit Erinnerungen an frühere Ereignisse. So entsteht eine Art „Gedankenkarte" (MindMap).
- Schreibe erst dann deine Gedankengänge auf.

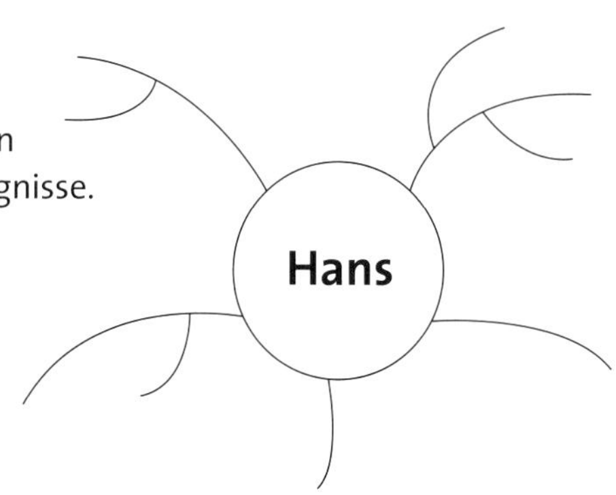

„MindMap"-Beispiel

Der Anfang könnte so sein:

„So habe ich Hans noch nie gesehen ..."

© 2018 Krapp & Gutknecht GmbH

Hilfen für die Gliederung eines Inneren Monologs

1. Der Figur gehen eine Reihe widersprüchlicher Gedanken und Gefühle durch den Kopf. Sie entwickeln sich aus dem Nachdenken und Fühlen und sind nicht gegliedert oder gar geordnet.

2. Die Gedanken werden so formuliert, wie sie gerade einfallen. Um sie direkt auf den Leser wirken zu lassen, verwendest du die erste Person Singular („Warum weine ich eigentlich?").

3. Der Satzbau ist entsprechend des Nachdenkens kurz und reihend. Er kann unvollständig sein.

4. Da es keinen Erzähler gibt, der vorausgehende Ereignisse wiedergibt, musst du diese in Gedankenform als Rückerinnerung einbringen. Dies braucht nicht vollständig und in zeitlich geordneter Reihenfolge zu geschehen. Das sprunghafte Hin- und Herüberlegen ist ein wesentliches Moment des Inneren Monologes.

5. Die Gedankenkette sollte allerdings für den Leser nachvollziehbar sein. Ein willkürliches Durcheinander führt dazu, dass der Leser aufgrund der Sprünge nicht weiß, was geschehen ist und wie es dazu kam.

6. Beim Erinnern an (äußere) Ereignisse werden (innere) Gedanken und Gefühle ausgelöst: „Hans in blauer Arbeitshose und dreckigen Gummistiefeln" könnte Josefa zum Nachdenken über Hans' schwere Haft anregen. Daran anschließen könnte sie ihre Nöte, die Familie zu ernähren.

© 2018 Krapp & Gutknecht GmbH

Sozialdemokratie und Katholische Kirche

Die Haltung der österreichischen Sozialdemokratie

„Trennung von Kirche und Staat!“ war neben sozialer Gerechtigkeit eines der Hauptanliegen der österreichischen Sozialdemokratie. Ganz bewusst forderte sie:

- standesamtliche statt kirchliche Trauung
- Wiegenfest statt Taufe
- Jugendweihe statt Firmung
- Feuerbestattung statt Erdbestattung

Darüber hinaus schlossen sich viele Mitglieder in Feuerbestattungsvereinen zusammen, weil die Katholische Kirche ihren Gläubigen diese Bestattungsart streng verboten hatte. In Steyr gründete man den Verein „Die Flamme“, dem sich Hans und Josefa und später auch Manfred Breirather anschlossen. Man kaufte „Krematoriumsbausteine“, damit ein eigenes Steyrer Krematorium errichtet werden konnte, das am 26. Juni 1927 feierlich eröffnet wurde.

Hans, Josefa und Manfred Breirather sind auf dem vereinseigenen Urnenhain bestattet worden.

Das Leben als organisierter Sozialdemokrat

Zu den Nebenorganisationen der SPÖ gehörten die „Kinderfreunde“. Diese sorgten in den Jahren nach dem Ersten Weltkrieg und während der Weltwirtschaftskrise dafür, dass Not leidende Kinder Schulspeisungen erhielten. Außerdem förderten sie den Bau von Kindergärten und Horten für Kinder berufstätiger Eltern.

So stand in Letten ein Arbeiterheim, dort gab es gelegentlich Theatervorstellungen und Liederabende. In dieser Holzbaracke führten die Kinderfreunde auch einen Kindergarten. Sie organisierten Ferienaufenthalte in eigenen Lagern. Ihr besonderes Anliegen war es, Kinder und Jugendliche zum Lesen zu motivieren.

Die SPÖ-eigene Bibliothek in Steyr verfügte um 1930 über etwa 10 000 Bücher. Dort konnten die Mitglieder auch Bücher ausleihen, deren Inhalte der Katholischen Kirche nicht gefielen. In katholischen Büchereien konnten diese nicht ausgeliehen werden. Viele Bücher der damaligen Zeit waren von der Kirche indiziert worden, d. h. den Gläubigen war es verboten, diese Bücher zu lesen.

Die Haltung der Katholischen Kirche

Die Katholische Kirche unterstützte die Christlichsoziale Partei und die Heimwehr und bekämpfte die Sozialdemokratie, weil diese ihren Einfluss auf den Staat beschränken wollte. Die kirchliche Eheschließung war in ihren Augen die einzig gültige, andere Sakramente wie Taufe, Erstkommunion und Firmung sollten auf gar keinen Fall mit freidenkerischen Handlungen (Wiegenfest, Jugendweihe) gleichgesetzt werden.

Nach der Niederschlagung des Aufstands vom 12. Februar 1934 wurden in Österreich alle Parteien verboten und eine neue Verfassung in Kraft gesetzt, in der die Kirche mit großer Machtfülle ausgestattet wurde. Die Regierung setzte alle Hebel in Bewegung, um die Zahl der Kirchenaustritte zu begrenzen. Deshalb musste jeder Austrittswillige seinen gesunden Geisteszustand nachweisen.

Sozialdemokratische und gewerkschaftliche Immobilien wie Bibliotheken und Heime wurden der Kirche übereignet, Priester vernichteten kirchenkritische und indizierte Bücher aus den Bibliotheken. Kinos, in denen „moralisch verwerfliche“ Filme gezeigt wurden, wurden von katholischen Einrichtungen übernommen. In Letten sah die Kirche keinen Anlass, die Heimwehr daran zu hindern, Lebensmittellager des Lettener Konsumvereins zu beschlagnahmen und sozialdemokratische Einrichtungen zu zerstören.

© 2018 Krapp & Gutknecht GmbH

Das Räderwerk der NS-Bedrohung (4. Kapitel – S. 47–56)

Familie Breirather und Sidonie

- Notiere stichwortartig, wie sich Sidonie von 1935 bis 1938 entwickelt.
- Beschreibe knapp das Verhältnis der Familienmitglieder zueinander.

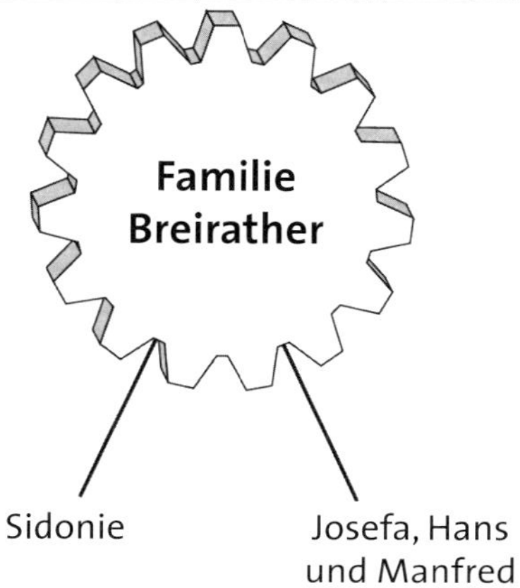

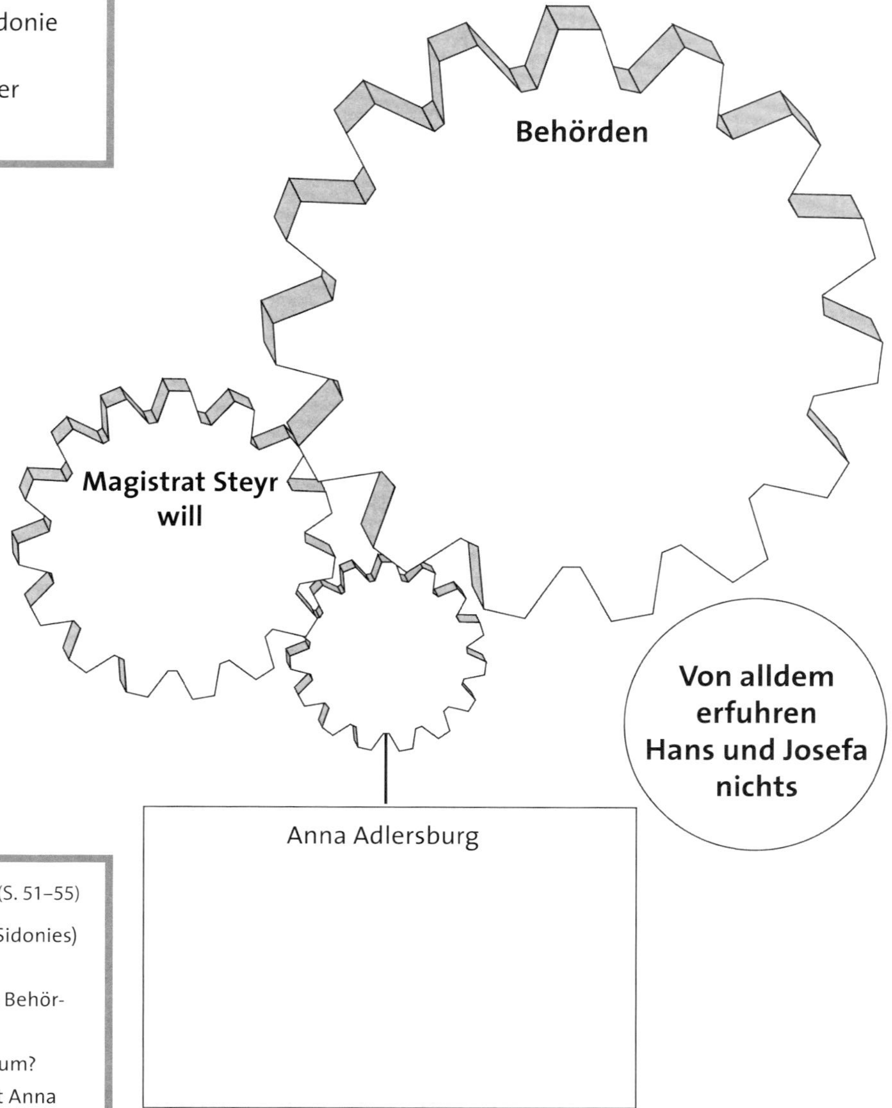

Die Behörden beschäftigen sich mit Sidonie (S. 51–55)

- Was will der Magistrat in Steyr (Vormund Sidonies) erreichen?
- Trage in das große „Behördenzahnrad“ die Behörden ein, an die er sich wendet.
- Was unternehmen diese Behörden wiederum?
- Trage in den kleinen Kasten ein, was es mit Anna Adlersburg auf sich hat.
- Welche Gefahren drohen?

Historische Daten

Trage neben die Jahreszahlen die wichtigsten Ereignisse aus der Infoseite „Die Verfolgung von Sinti und Roma in Österreich“ (S. 15) ein.

1935	
1936	
1938	
1939	
1942	

© 2018 Krapp & Gutknecht GmbH

Verfolgung der Sinti und Roma in Österreich

Der Großteil der österreichischen Sinti und Roma lebte im Burgenland, wo sie seit 300 Jahren beheimatet und als Arbeiter, Handwerker und Inhaber von Geschäften integriert waren. Nach dem sogenannten „Anschluss“ im März 1938 waren sie besonders schlimmen Repressionen ausgesetzt.

Im Mai 1938 ordnete Himmler an, von der gesamten österreichischen Sinti- und Roma-Bevölkerung die Fingerabdrücke zu erfassen; im Burgenland waren bereits zuvor ungefähr 8000 Sinti und Roma in einer eigenen „Zigeunerkartothek“ erfasst worden. An vielen Orten wurde Sinti- und Roma-Kindern der Schulbesuch verboten, wie Juden durften Sinti und Roma an der Volksabstimmung über den „Anschluss“ nicht teilnehmen.

Im August erklärte der damalige Gauleiter und Landeshauptmann des Burgenlandes, Dr. Tobias Portschy, in einer Denkschrift: „Willst Du, Deutscher, nicht Totengräber des nordischen Blutes im Burgenland werden, so übersehe nicht die Gefahr, die die Zigeuner sind.“ Portschy propagierte die gleichen Verfolgungsmaßnahmen gegen Sinti und Roma wie gegen Juden.

Ab Sommer 1938 mussten Sinti und Roma unter SA- und SS-Bewachung Sklavenarbeit leisten. Nachdem Angehörige der Minderheit schon zuvor willkürlich verhaftet worden waren, wurden im Juni 1939 hunderte österreichischer Sinti und Roma auf Befehl Himmlers in die Konzentrationslager Dachau und Ravensbrück deportiert, darunter auch viele Jugendliche.

Von 1940 an wurden besondere Konzentrationslager für Sinti und Roma in Österreich errichtet: Das größte war Lackenbach im Burgenland, wohin über 4000 Menschen verschleppt wurden. In Aufbau und Organisation unterschieden sich diese Lager nicht von den großen Konzentrationslagern wie etwa Mauthausen. Lagerleiter und Wachmannschaften hatten SS-Ränge; die internierten Männer, Frauen und Kinder mussten unter unmenschlichen Bedingungen schwerste Zwangsarbeit leisten. Im Lager Lackenbach gab es allein in den Anfangsmonaten – bedingt durch die Überbelegung, die mangelhafte Ernährung, die katastrophalen sanitären Verhältnisse und die Misshandlungen durch die Bewacher – über 300 Tote. Daneben waren die österreichischen Konzentrationslager für Sinti und Roma Durchgangsstationen in die Ghettos und die Konzentrations- und Vernichtungslager in Polen: So sind Ende 1941 zwei Transporte aus Lackenbach in das Ghetto von Lodz dokumentiert; niemand der Deportierten überlebte. Wie im sogenannten „Altreich“, so wurde auch der Lebenskreis der österreichischen Sinti und Roma immer stärker eingeengt. 1940 forderte der Oberstaatsanwalt von Graz, Meissner, alle burgenländischen Sinti und Roma aufgrund „der Gefahr für die künftige rassische Entwicklung [...] ausnahmslos zu sterilisieren.“ In Wien und im Burgenland wurden Sinti und Roma, die bereits seit Generationen in ihren Heimatorten gelebt hatten, aus ihren Häusern vertrieben und auf „Sammelplätze“ „zwangsumgesiedelt“, auch alle kleineren Siedlungen mit weniger als 50 Einwohnern mussten geräumt werden.

Am 7. November 1941 ordnete der Landrat in Oberwart, Dr. Winterlechner, an, dass Sinti und Roma unter Haftandrohung „die Benützung von Verkehrsmitteln zur Personenbeförderung“ verboten sei. Zwei Tage später verabschiedete dieser Landrat einen Erlass, dass „an Zigeuner Erzeugnisse, die knapp, aber nicht kartenpflichtig sind, wie z. B. Zitronen, Südfrüchte und dergleichen, nicht verabfolgt werden“ durften. In einer geheimen Anweisung zur ersten Durchführungsverordnung zum „Gesetz über die Sicherung der Reichsgrenze“ wurde bereits 1939 angeordnet, „Juden und Zigeunern [...] grundsätzlich die Genehmigung zum Grundstückserwerb zu versagen“. Der Landrat des Kreises Oberwart forderte die Bürgermeister in einem vertraulichen Schreiben vom 6. Januar 1942 dazu auf, Sinti und Roma „in geeigneter Weise zu veranlassen, dass sie heute schon ihren Grundbesitz verkaufen“, da „mit einer weiteren Lösung der Zigeunerfrage zu rechnen“ sei.

Himmlers Befehl zur Deportation der österreichischen Sinti und Roma nach Auschwitz erfolgte schließlich im Frühjahr 1943. Mehr als zwei Drittel von ihnen fielen dem NS-Völkermord zum Opfer.

Aus: Romani Rose (Hrsg.): *Der nationalsozialistische Völkermord an den Sinti und Roma.* S. 72–73, Wunderhorn-Verlag, Dokumentations- und Kulturzentrum Deutscher Sinti und Roma Heidelberg 1995

© 2018 Krapp & Gutknecht GmbH

Österreich nach 1918

Die Folgen des Ersten Weltkrieges waren für Österreich sehr hart:

Das einst mächtige Habsburger Reich war auf das Kerngebiet Österreich reduziert worden. Das kleine Land war durch den mitverschuldeten Krieg wirtschaftlich ruiniert und mit hohen Schulden belastet.

1918 wurde die Monarchie abgeschafft, Österreich wurde zur Republik. Das allgemeine Wahlrecht wurde eingeführt. So setzten viele Menschen trotz der schweren Situation große Hoffnungen in die junge Demokratie.

Gemäß den Bestimmungen des Vertrags von Saint-Germain aus dem Jahr 1919 war Österreich der Zusammenschluss mit dem Deutschen Reich verboten worden. Auch der Staatsname „Deutsch-Österreich" wurde darin untersagt.

In den ersten Nachkriegsjahren befand sich das Land am Rande des wirtschaftlichen Zusammenbruchs. Viele Österreicher, auch Sozialdemokraten, erhofften sich daher vom Zusammenschluss mit Deutschland eine Verbesserung der wirtschaftlichen Situation.

Erst 1922 ermöglichte ein Kredit Frankreichs, Großbritanniens, Italiens und der damaligen Tschechoslowakei eine Entspannung. Dadurch verpflichtete sich Österreich jedoch, auf den Anschluss an das Deutsche Reich in den kommenden 20 Jahren zu verzichten. Die Kreditgeberländer wollten unbedingt ein „Großdeutschland" verhindern, das wieder versuchen könnte, Europa zu beherrschen.

Die Christlichsoziale und die Sozialdemokratische Partei rangen um die Macht im Land. Österreich hatte sich mit der Annahme des 650 Millionen Goldkronen Kredits verpflichtet, ein Reformprogramm zu entwickeln, das die Wirtschaft ankurbeln und Arbeitsplätze schaffen sollte.

Um dieses entbrannten heftige Auseinandersetzungen zwischen Sozialdemokraten und Christlichsozialen. Die Sozialdemokraten bestanden vor allem auf Sozialeinrichtungen und auf der Absicherung der Arbeiter.

Die ersten Wahlen hatten die Sozialdemokraten mit 72 Sitzen vor den Christlichsozialen mit 69 Mandaten gewonnen. Nationale Gruppen verfügten über weitere 26 Sitze im Parlament.

Diese Mehrheitsverhältnisse beherrschten die Auseinandersetzungen in Österreich bis in die Dreißigerjahre hinein. Die Sozialdemokraten, obwohl stärkste Partei, verfügten über keinen Koalitionspartner, um die Regierung übernehmen zu können.

Die Christlichsozialen arbeiteten ihrerseits eng mit den nationalen Gruppen zusammen, um eine Mehrheit gegen die Sozialdemokraten zu erhalten. Bereits 1922 hatten beide Parteien eigene Parteitruppen geschaffen: Die Christlichsozialen die Heimwehr, die Sozialdemokraten den Republikanischen Schutzbund.

Zwischen beiden kam es immer wieder zu Spannungen, die in zwei Auseinandersetzungen gipfelten:

1927 schoss die Heimwehr bei einem Aufmarsch des Republikanischen Schutzbundes. Es gab zwei Todesopfer: einen Kriegsbeschädigten und ein Kind. Die verhafteten Täter wurden jedoch von der Justiz freigesprochen. Darin sahen die Sozialdemokraten ein Zeichen einer abhängigen rechtslastigen Rechtsprechung. In ihrer Empörung zündeten Wiener Arbeiter bei einer Großdemonstration in Wien am 15. Juli den Justizpalast an. Polizisten schossen daraufhin auf die Demonstranten, obwohl unbewaffnete Schutzbündler versuchten, die empörte Masse zurückzudrängen. Es gab 90 Todesopfer.

In den folgenden Jahren gab es immer wieder Konflikte zwischen den beiden Organisationen.

Die Diktatur Dollfuß

1932 wurde der christlichsoziale Engelbert Dollfuß Bundeskanzler in Österreich. Nur durch eine Zusammenarbeit mit den Rechtsradikalen (sogenannter „Heimatblock") verfügte er über eine einzige Stimme Mehrheit.

Dollfuß benutzte ein Ermächtigungsgesetz, löste 1932 das österreichische Parlament auf und führte die Pressezensur ein.

Dollfuß wollte keinen Anschluss an das Deutsche Reich. Sein Ziel war ein selbstständiger autoritärer Staat Österreich, in dem Großindustrie, der Adel und die Kirche viel Macht haben sollten. Die Bevölkerung sollte überwiegend zum katholischen Glauben gedrängt werden. Statt demokratischer Meinungsvielfalt wollte er die Anpassung an konservative Wertvorstellungen und eine mit diktatorischen Rechten ausgestattete Regierung. In Gewerkschaften, Sozialdemokraten und Kommunisten sah er Gegner.

Der Republikanische Schutzbund der Sozialdemokraten wurde verboten und aufgelöst.

Die Heimwehren standen inzwischen unter der Führung des sich offen zum Faschismus bekennenden Fürsten Starhemberg. Sie traten immer offener militant und bewaffnet auf.

Dollfuß erhob die Heimwehr im Juli 1933 sogar zu einer staatlichen Notpolizei. Emil Fey, ein Heimwehrführer, wurde Ende 1933 sogar zum Vizekanzler ernannt. Mit der Heimwehr sollte die Diktatur ausgebaut und die Sozialdemokratische Partei unterdrückt werden. Deshalb wurden viele Sozialdemokraten willkürlich verhaftet, Veranstaltungen und Einrichtungen der Sozialdemokraten behindert oder verboten.

© 2018 Krapp & Gutknecht GmbH

Österreich nach 1918

Die österreichischen Nationalsozialisten

Die Nationalsozialisten, durch Zulauf und Wahlerfolge gestärkt, sahen in Hitlers Machtergreifung am 30. Januar 1933 die große Chance zum Zusammenschluss Österreichs mit Deutschland.

Dollfuß sah in ihnen daher eine Gefahr für seine Diktatur und Ziele. Im Juni 1933 verbot er die NSDAP Österreichs.

Mussolini, Italiens Duce („Führer"), wollte zu dieser Zeit den Zusammenschluss Österreichs mit Deutschland ebenfalls verhindern und unterstützte Dollfuß zunächst.

Der Februaraufstand 1934

Die Heimwehr wurde mit Waffen versorgt und eingesetzt, um den im Untergrund weiter bestehenden Republikanischen Schutzbund gewaltsam aufzulösen. Am 12. Februar durchsuchte die Heimwehr das sozialdemokratische Parteiheim „Hotel Schiff" in Linz nach Waffen. So wurde die Stadt Linz zum Ausgangspunkt von Schießereien zwischen Schutzbund und Heimwehr. In vielen Industriestädten Österreichs, auch in Steyr, kam es zu bürgerkriegsähnlichen Auseinandersetzungen, bei denen Polizei und Armee mit der Heimwehr gegen die sozialdemokratischen Arbeiter vorgingen.

Standgerichte sprachen rechtswidrige Todesurteile gegen Sozialdemokraten. Die Sozialdemokratische Partei und deren Organisationen wurden aufgelöst.

Viele aktive Sozialdemokraten waren enttäuscht über die Parteiführung. Sie hatten eine größere Widerwehr ihrer Parteivorsitzenden erwartet und gehofft, dass die Parteiführung den Generalstreik ausrufen würde, um die Regierung Dollfuß zu stürzen.

Am 1. Mai 1934 schließlich setzte Dollfuß per Erlass eine neue Verfassung in Kraft. Das Parlament wurde seiner Rechte entzogen.

Der Anschluss Österreichs an das Deutsche Reich

Dollfuß fiel im Juli einem dilettantischen Putschversuch der Nationalsozialisten Österreichs zum Opfer. Die Nationalsozialisten scheiterten jedoch mit ihrem Versuch, gewaltsam die Regierungsmacht zu übernehmen.

Der neue Bundeskanzler Schuschnigg setzte die autoritäre Linie seines Vorgängers Dollfuß fort. Die Parteien wurden verboten, eine „Vaterländische Front" mit einem Krukenkreuz als Symbol sollte seine Herrschaft sichern. Diese Regierungsform wurde als „Austrofaschismus" bezeichnet.

Auch Schuschnigg wollte keine Einheit Österreichs mit dem Deutschen Reich.

Die Erfolge Hitlers im Nachbarland und der Glanz der Olympischen Spiele 1936 in Berlin ließen viele Österreicher auf den Zusammenschluss drängen. Viele Menschen erhofften sich angesichts der herrschenden Massenarbeitslosigkeit in Österreich dadurch einen Wirtschaftsaufschwung und Arbeit, um die Familie ernähren zu können.

Mussolini hatte noch während des Dollfuß-Attentats Truppen am Brenner stationiert, um Hitler an einem Übergriff auf Österreich zu hindern. Danach hatte sich Mussolini (Italien) mit dem „Dritten Reich" Adolf Hitlers befreundet und den „Achsenpakt" gegründet.

So konnte Hitler nun zunehmend Einfluss auf die Politik in Österreich nehmen. Am 11. Juli 1936 wurde durch Druck Deutschlands ein „Nichteinmischungspakt" zwischen Österreich und dem Deutschen Reich unterzeichnet. Darin musste Schuschnigg nationalsozialistische Propaganda wieder zulassen, Politiker in seine Regierung aufnehmen, die dem Anschlussgedanken nahestanden und eine „grundsätzlich deutsche Politik" unterstützen.

Damit waren die Weichen für den Anschluss Österreichs im Jahre 1938 gestellt.

Im März 1938 übte Hitler massiven Druck auf Schuschnigg und den Staatspräsidenten Miklas aus. Er drohte mit einem Einmarsch deutscher Truppen, wenn nicht Seiß-Inquart, Vorsitzender der österreichischen Nationalsozialisten, zum Innenminister ernannt werde.

Mit der Ernennung von Seiß-Inquart erhielt Hitler unmittelbaren Einfluss in Österreich. Schuschnigg wollte mit einer für den 13. März angesetzten Volksbefragung gegen den Anschluss seine Position stärken. Auf Druck Deutschlands setzte er diese jedoch kurzfristig ab. Durch die Drohung, mit Truppen einzumarschieren, erreichte Hitler am 11. März den Rücktritt Schuschniggs. Wie gefordert wurde Seiß-Inquart nun selbst Bundeskanzler.

Unter einem Vorwand marschierten am 12. März dennoch deutsche Truppen auf Hitlers „Weisung Nummer 1" in Österreich ein.

Eine Volksabstimmung sicherte Hitler im Nachhinein eine breite Zustimmung. Schuschnigg wurde verhaftet.

Sofort nach dem Anschluss beginnt die Verfolgung von Andersdenkenden, dem nationalsozialistischen Terror werden vor allem Sozialdemokraten ausgesetzt. Die menschenverachtende Maschinerie der Rassenpolitik des Dritten Reichs wird nun auch in Österreich aufgebaut.

Hitler hat sein großes persönliches Ziel, als Triumphator in Wien einzuziehen, erreicht. Seine Machtpolitik hatte einen weiteren Erfolg erzielt. Als nächste Station der „Lebensraumerweiterung" zerschlug er noch im Jahre 1938 die Tschechoslowakei und bereitete den Angriff auf Polen vor.

© 2018 Krapp & Gutknecht GmbH

Österreichs Anschluss an das Deutsche Reich

Die österreichischen Bischöfe gaben ihre Haltung zum Anschluss Österreichs in einer von *Kardinal Innitzer* vom 18. März 1938 unterzeichneten Erklärung wieder. In ihr heißt es u. a.:

„Wir erkennen freudig an, dass die nationalsozialistische Bewegung auf dem Gebiet des völkischen und wirtschaftlichen Aufbaues sowie der Sozial-Politik für das Deutsche Reich und Volk und namentlich für die ärmsten Schichten des Volks Hervorragendes geleistet hat und leistet. Wir sind auch der Überzeugung, daß durch das Wirken der nationalsozialistischen Bewegung die Gefahr des alles zerstörenden gottlosen Bolschewismus abgewehrt wurde. Die Bischöfe begleiten dieses Wirken für die Zukunft mit ihren besten Segenswünschen und werden auch die Gläubigen in diesem Sinne ermahnen. Am Tage der Volksabstimmung ist es für uns Bischöfe selbstverständliche nationale Pflicht, uns als Deutsche zum Deutschen Reich zu bekennen, und wir erwarten auch von allen gläubigen Christen, dass sie wissen, was sie ihrem Volke schuldig sind."

(In: Europa unterm Hakenkreuz: Städte und Stationen/Hans Ulrich Reichert. Köln 1982, S. 35)

➲ Lies den Anfang des 5. Kapitels (Seite 57): Manfred hatte dem Einmarsch der Deutschen Wehrmacht zugesehen, während Hans und Josefa Breirather weinend vor dem Radio gesessen hatten.

12. März 1938 – Deutsche Truppen marschieren in Österreich ein (Quelle unbekannt)

So wie auf dem Bild standen viele Sierninger und Steyrer auch an den Straßen, als die Deutsche Wehrmacht vorbeizog.

- Schau dir die Gesichter der Menschen ruhig an. Versuche dich in sie hineinzuversetzen.
- Was denken und fühlen sie?
- Was erwarten sie Neues für sich?

➲ Lies danach auch die Erklärung der österreichischen Bischöfe.

- Führe ein Gespräch mit deiner Banknachbarin/deinem Banknachbarn, als ob ihr selbst gerade beim Einmarsch zugeschaut hättet.
- Was haben die Menschen nicht bedacht?

„Als Manfred dann in der Dämmerung nach Hause kam, hungrig vor Begeisterung, und anfing, von den Spähwagen zu erzählen, den Haubitzen und Motorrädern, schnitt ihm sein Vater das Wort ab. Das verstehst du noch nicht, entschuldigte er ihn, aber in einem Jahr haben wir den Krieg. Und abends, als sich das ganze Ausmaß des Unglücks abschätzen ließ, umarmte er Josefa, die einzige, die ihm jetzt Halt geben konnte: Die Sidi, ich hab solche Angst um sie."

- Führe das begonnene Gespräch mit einer Partnerin/einem Partner als Rollenspiel fort. Du kannst es auch aufschreiben.

Alternative:

- Nach dem Krieg unterhält sich Hans Breirather mit seinem Sohn Manfred. Manfred ist als Matrose von der Deutschen Reichsmarine aus dem Krieg heimgekehrt. Führe die Unterhaltung der beiden weiter:

Hans:
Manfred, erinnerst du dich noch, wie du voller Begeisterung mit einem Stück Zwieback von der Vorbeifahrt der Deutschen Wehrmacht heim kamst?

Manfred:

© 2018 Krapp & Gutknecht GmbH

Letten veränderte sich (5. Kapitel – S. 57–67)

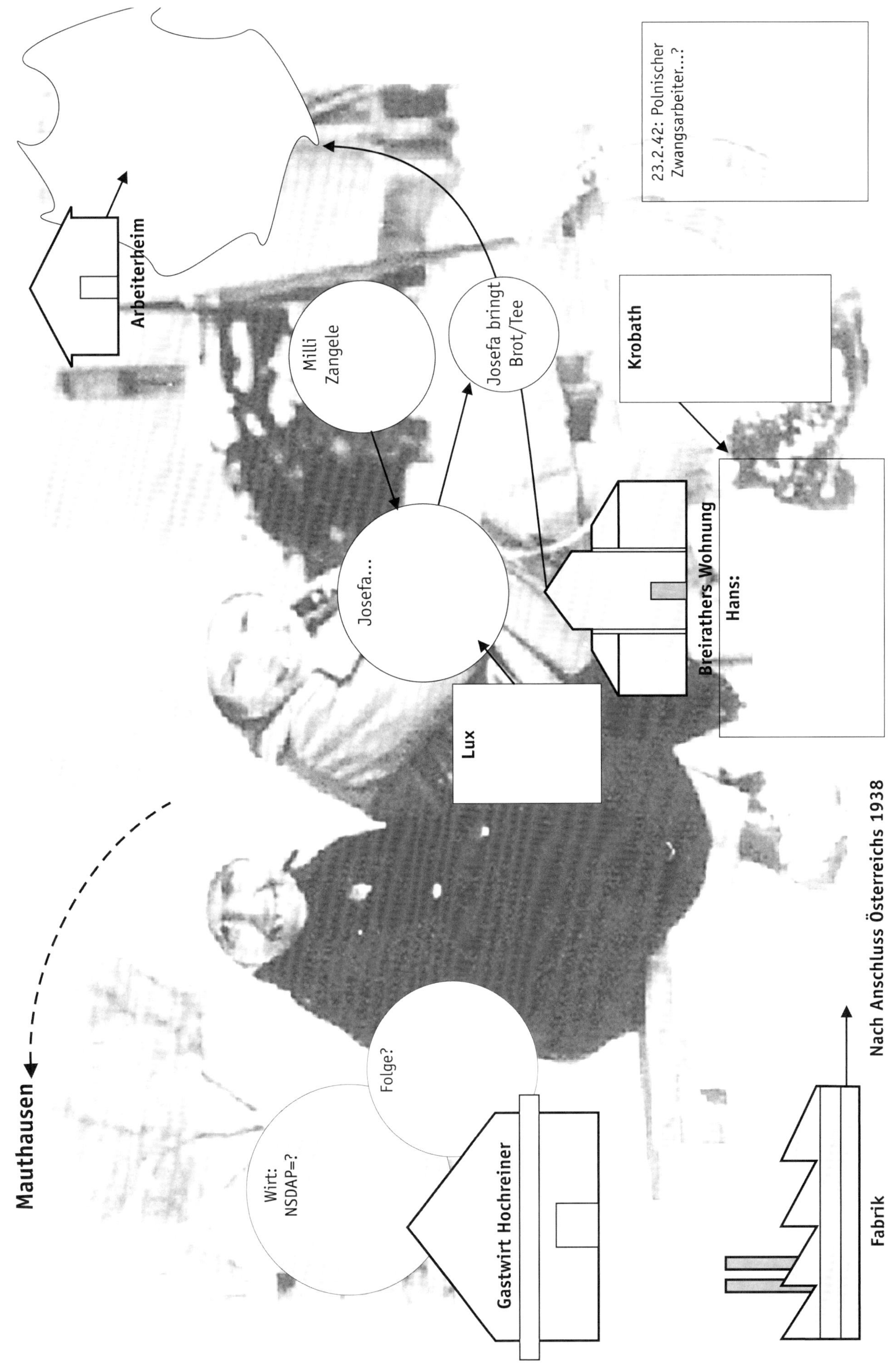

© 2018 Krapp & Gutknecht GmbH

Manfred Breirather erinnert sich

„Ich wurde am 12.9.1926 geboren. Manchmal, wenn ich als Kind nach Vater fragte, sagte mir die Mutter, dass dieser bei Übungen des REPUBLIKANISCHEN SCHUTZBUNDES (die paramilitärische Organisation der Sozialdemokratischen Partei Österreichs) sei. Zuerst war er an Wochenenden bei Übungen, danach öfter, als er Kommandant dieser Gruppe mit etwa 40 Mann wurde.

Hinter unserer Wohnung in Letten befand sich das Arbeiterheim, in dem sich bis 1934 das Parteileben abspielte. Das Heim, ein Holzhaus, beherbergte ein Dienstzimmer des Schutzbundes, eine Küche und Werkstätte, einen großen Saal mit Bühne und einen Kindergarten. Es gab auch Mandolinengruppen, Flötengruppen und eine Theatergruppe.

Auch der Konsumverein unterhielt im Heim die zweitälteste Filiale im Bezirk Steyr. Dort fanden auch dessen Feiern statt, die immer sehr schön waren. Solidarität wurde damals als wesentliches Merkmal der Sozialdemokratischen Partei großgeschrieben und auch gelebt.

Im Heim wurde viel diskutiert, besonders ab 1932, wo die christlich-soziale Seite gegen die Arbeiterorganisationen vorging. Ab 1932, als man begann, gegen die Arbeiterorganisationen auch staatlicherseits vorzugehen, begann der Parteiapparat allmählich abzubröckeln und manche Parteimitglieder gaben die Mitgliedsbücher zurück. Erinnerlich ist mir, dass eines Tages meine Mutter, die als Kassiererin fungierte, mit 28 Mitgliedsbüchern nach Hause kam.

1933 war ich, damals sieben Jahre alt, bei einem Maiaufmarsch am 1. Mai von Letten über Neuzeug nach Sierning dabei, als die Teilnehmer ‚Freiheit' riefen und einige Teilnehmer kurz danach aus dem Demonstrationszug heraus durch die Gendarmerie verhaftet wurden. Einige Zeit später wurden dann Waffendurchsuchungen im Arbeiterheim durchgeführt. Dabei wurden Innenwände aufgebrochen, sodass das Heim allmählich verfiel. Die Parteiorganisation verfiel ebenfalls, die Mitglieder zerstreuten sich und einige davon begannen sich bereits damals der noch illegalen NSDAP zu nähern. 1934, nach dem Februaraufstand, wurde die Sozialdemokratische Partei gesetzlich verboten. Die Funktionäre, vor allem diejenigen, die standhaft blieben, wurden inhaftiert. Jene Funktionäre, die nach ihrer Entlassung aus den Haftanstalten kamen, scharten sich jedoch nur zum Teil um meinen Vater und traten in den folgenden Jahren in die illegale Kommunistische Partei Österreichs ein."

Manfred (vorne, 2. von rechts) im Kindergarten

Hans Breirather (obere Reihe, 3. von rechts) mit Theatergruppe im Arbeiterheim

© 2018 Krapp & Gutknecht GmbH

„Aber das Schönste …“ (6. Kapitel – S. 68–79)

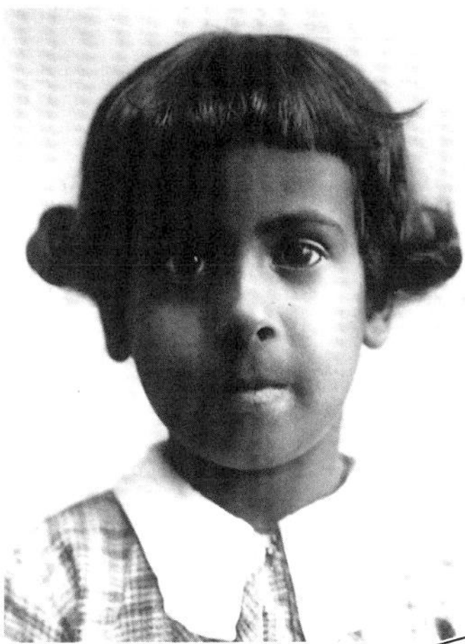

Sidonie erzählt Hilde über ihre Firmung in Linz:

„Das war alles, fragte Hilde enttäuscht.
Nein, antwortete Sidonie. Das Schönste ist erst gekommen.“ (S. 77)

➲ Schreibe Sidonies Aufsatz zu ihrem Firmtag in Linz.

Beschreibe Sidonies Puppe:

Augen ______________________

Haare ______________________

Schulaufsatz, 20. Juni 1942

Früh am Morgen fuhr Frau Hinteregger

mit einer weißen Kutsche vor...

Sidonies Puppe

Was bedeutet
die Puppe für Sidonie?

Frau Hintereggers Gründe,
Sidonie eine wunderschöne Firmung
zu ermöglichen:

© 2018 Krapp & Gutknecht GmbH

„Die Bedrohung wächst“ (6. Kapitel – S. 68–79)

„Jahre ohne Zigeuner. Auf einmal waren sie nicht mehr zu sehen, […]“ (S. 68)

Historische Daten

Trage neben die Jahreszahlen Maßnahmen gegen die Sinti und Roma ein.
Benutze dazu die Infoseite „Die Verfolgung von Sinti und Roma in Österreich“. (S. 15)

Trage entsprechend ein, was die Personen zu Sidonie sagen bzw. wie sie sich ihr gegenüber verhalten.

1939	
1940	
1941	

Linz

Ein Bub:

Ein älterer Mann:

Steyr

Bürgermeister Eder:

Sierning

Mitschüler:

Nachbarskinder aus Berlin:

Nachbarn:

Andere:

„Aber das Mädchen war ihnen vertraut. Noch störte es nicht.“ (S. 79)

„Aber die Stelle, an der er sie eben noch gesehen hatte, war leer.“ (S. 79)

© 2018 Krapp & Gutknecht GmbH

„Bestialität des Anstands“ I (7. Kapitel – S. 80–94)

Das Verhalten der Amtspersonen

Als „Bestialität des Anstands“ bewertet der Erzähler das Verhalten der Amtspersonen im März 1943. Um das nachzuvollziehen, verfasst ihr selbst einen objektiven Fürsorgebericht.

Eine Fürsorgerin – heute ist das ein/e Sozialarbeiter/-in des Sozialamtes eines Landkreises – ist nach der Unterbringung eines Kindes in einer Pflegefamilie für Folgendes zuständig:

- ordentliche Wohnverhältnisse
- geordnete Familienverhältnisse (keine belastenden physischen und psychischen Probleme)
- gute Pflege und Zuwendung hinsichtlich Kleidung, Ernährung, Gesundheit, Bildung
- liebevoller Kontakt zur Pflegefamilie und umgekehrt (integriert)
- in Nachbarschaft, Schule etc. unter Gleichaltrigen integriert
- Kontrolle der Verwendung von zugeteilten Pflegegeldern

Zunächst holt Frau Korn von der Schule, dem Bürgermeister und natürlich der Fürsorgerin Frau Grimm sowie dem Landkreisvorsteher Auskünfte ein.

Verfasst einen **objektiven Fürsorgebericht, wie Frau Korn es hätte tun müssen,** um der Familie Breirather und Sidonie gerecht zu werden. Dazu holt ihr von den Gruppen „Bürgermeister Eder“, „Schule Sierning – Schulleiter Frick, Lehrerin Schönauer“ Berichte ein, um ein Gesamtbild zu erhalten.
Mit der Fürsorgerin Frau Grimm führt ihr ergänzend ein Gespräch über deren Eindrücke bei ihren Familienbesuchen. Lest auch nach, was Manfred Breirather im Gespräch zum Verhalten der Amtspersonen mitteilt (S. 52 oben).
Euer Fürsorgebericht endet mit einer begründeten Entscheidung zu Sidonies Verbleib gegenüber der Kriminalpolizei Innsbruck.

Jugendamt Steyr
Käthe Korn

Steyr, 15. März 1943

An die
Kriminalpolizei Innsbruck
Innsbruck

Fürsorgeentscheidung zu Ihrer Anfrage vom 7. März 1943 zu Sidonie Adlersburg

(Der Platz wird hier möglicherweise nicht reichen, übernehmt also diese Vorlage in euer Heft.)

Gezeichnet: Käthe Korn, Jugendamtsleiterin

© 2018 Krapp & Gutknecht GmbH

„Bestialität des Anstands" I (7. Kapitel – S. 80–94)

Oberlehrer Fricks Beurteilung über Sidonie

„*Das Mädel,* schrieb er mit sorgfältig gesetzten, nach rechts fallenden Lettern, *zeigt jetzt Aufmerksamkeit und Arbeitsfreude, lernt aber nicht leicht und fängt auch gleich zu weinen an, wenn sich Hindernisse ihr entgegenstellen. Schwierigkeiten bereitet dem Mädel das Rechnen, da es an der Zahlenauffassung fehlt. Das Mädel ist ängstlich, empfindlich, leicht gekränkt, mitunter etwas ungestüm, wenn es das Gewünschte nicht erreicht. Der Lehrkraft gegenüber ist es etwas scheu und geht scheinbar auf alles ein. Bei schlechter Benotung ist es empfindlich, ist ehrgeizig. Das Mädel ist bei den Pflegeeltern in guter Pflege u. Lernbeaufsichtigung, doch wäre mehr Strenge nötig.*" (S. 92)

Verfasst in eurer Gruppe eine Beurteilung zu Sidonie als Schülerin.
In ein sachliches und gerechtes Gutachten gehören:

- die schulischen Leistungen
- die Mitarbeit und das Bemühen der Schülerin
- das Sozialverhalten vor allem in Hinblick auf die Klassengemeinschaft

➲ Lest noch einmal die Abschnitte, in denen Sidonies Schulzeit wiedergegeben wird (S. 69–71).
➲ Probiert dieses Rollenspiel zur Vorbereitung aus:
Einer von euch übernimmt die Rolle des Schulleiters, Oberlehrer Frick. Ein Mädchen aus eurer Gruppe spielt Frau Schönauer und führt mit Frick ein Gespräch über Sidonie.
➲ Informiert euch auch bei einem Mathematiklehrer über „Schwierigkeiten bei der Zahlenauffassung" und wie viele Schüler diese haben.

Eure Stellungnahme:

Volksschule Sierning
Der Schulleiter
4522 Sierning

Sierning, 8. März 1943

An das Jugendamt Steyr
Frau Korn
4400 Steyr

Schulische Stellungnahme zu Sidonie Adlersburg

Sidonie besucht seit ... Jahren unsere Schule.

(Der Platz wird hier möglicherweise nicht reichen, übernehmt also diese Vorlage in euer Heft.)

Gezeichnet: Frick, Oberlehrer – Schulleiter

© 2018 Krapp & Gutknecht GmbH

„Bestialität des Anstands" I (7. Kapitel – S. 80–94)

Der Landkreisvorsteher (Landrat), Oberinspektor Schiffler

➲ Eure Gruppe verfasst einen Bericht über die Unterbringung Sidonies bei Breirathers.

Der Landkreis Steyr war der Vormund (Rechtsvertreter) Sidonies. Als solcher musste er für die Kosten der Unterbringung bei Breirathers aufkommen und somit auch überprüfen lassen (durch das Jugendamt), ob Sidonie gut versorgt und untergebracht ist.

Oberinspektor Schiffler, der Landrat, wird vor allem Erkundigungen vom Bürgermeisteramt Sierning, aber auch bei der Polizeibehörde einholen, um festzustellen, ob der Leumund der Eltern in Ordnung ist und sie so ihrer Fürsorgepflicht nachkommen können.

Zur Information empfiehlt es sich, die Seiten 64, 55, 52 u. a. nachzuschlagen.

Landkreis Steyr
Leitender Oberinspektor S. Schiffler
4400 Steyr

Steyr, 8. März 1943

An das Jugendamt Steyr
Frau Korn
4400 Steyr

Stellungnahme zu Sidonie Adlersburg

(Der Platz wird hier möglicherweise nicht reichen, übernehmt also diese Vorlage in euer Heft.)

Gezeichnet: S. Schiffler, Oberinspektor

© 2018 Krapp & Gutknecht GmbH

„Die Ermittlungen sind so anzustellen, daß den Beteiligten [...] nichts bekannt wird"

Folgendes Dokument gibt eine Anweisung des Reichsinnenministeriums an Gau- und Jugendämter wieder. Ähnlich wurde auch in Österreich, in Steyr, verfahren.

➲ Lies die Anweisung und markiere, wozu die Jugendämter bezüglich „Zigeunern" aufgefordert werden.

Der Reichsminister des Innern

IV J I 51/42 - 8400

Es wird gebeten, dieses Geschäftszeichen und den Gegenstand bei weiteren Schreiben anzugeben.

Berlin, den 1.Oktober 1942
NW 7, Unter den Linden 72
Fernsprecher: Ortsanruf 12 00 34
Fernanruf 12 00 37
Fernschreiber: Ortsverkehr 517
Fernverkehr K 1 517
Drahtanschrift: Reichsinnenminister.

An die

Gau- und Landesjugendämter.

---

a.

Betrifft: Heimerziehung für fremdvölkische Jugendliche

Wie mir das Reichssicherheitshauptamt mitteilt, wird vorerst die Frage der Behandlung der jüdischen und der als jüdisch geltenden Kinder und Jugendlichen in der Heimerziehung geregelt werden. Es ist zu erwarten, daß ihre anderweitige Unterbringung baldigst endgültig erfolgt. Genaue Kenntnis der Personalien und des gegenwärtigen Aufenthaltsortes der in Frage kommenden Kinder und Jugendlichen ist deshalb erforderlich.

Ich ersuche daher, mir eine Aufstellung aller jüdischen und als jüdisch geltenden Kinder und Jugendlichen, die sich in Heimerziehung, Fürsorgeerziehung und sonstige Heimerziehung befinden, umgehend zu übersenden. Die Aufstellung soll enthalten: /Name, Vorname, Geburtsdatum, genaue Bezeichnung des Heims und wenn möglich Wohnort der Eltern oder Erziehungsberechtigten./

Die Ermittlungen sind so anzustellen, daß den Beteiligten und der Öffentlichkeit von der bevorstehenden Maßnahme nichts bekannt wird.

Hinsichtlich der Zigeunerkinder ist eine ähnliche Maßnahme in Vorbereitung. Es erscheint daher ratsam, daß Sie sich diese gleichzeitig melden lassen. Eine Aufstellung hierüber ist mir vorläufig noch nicht zu übersenden.

Von einer Veröffentlichung dieses Erlasses - auch in den für den Dienstgebrauch bestimmten Nachrichtenblättern - ist abzusehen.

Im Auftrag

Ruppert

Niedersächsisches Landesarchiv – Standort Wolfenbüttel, 12 D Neu Nr. 119

In: Dokumentations- und Kulturzentrum Deutscher Sinti und Roma, Der nationalsozialistische Völkermord an den Sinti und Roma, Heidelberg 1995², S. 169.

© 2018 Krapp & Gutknecht GmbH

„Nichts habe ich gewußt, […]“ (7. Kapitel – S. 80–94)

Frau Grimm antwortete auf den Vorwurf Josefas, von den geplanten Maßnahmen gegenüber Sidonie und ihrer Familie schon länger gewusst zu haben:

„Nichts habe ich gewußt, sagte Grimm und wich ihrem Blick aus. Es ist alles so schnell gekommen.“ (S. 85)

➲ Überprüfe diese Behauptung und antworte Frau Grimm:

➲ Auch Frau Korn hatte solche oder ähnliche Anordnungen erhalten. Versetze dich in ihre Lage, als sie die Anordnung liest, und gib ihre Gedanken wieder:

© 2018 Krapp & Gutknecht GmbH

„[...] ist mit einer weiteren Lösung der Zigeunerfrage zu rechnen, [...]"

Der Landrat des Kreises Oberwarth (Österreich) schrieb „vertraulich" an die Bürgermeister seines Landkreises:

(Auszug)

3846

ablegen

Der Landrat des Kreises Oberwart.

Zl.-14 Zi- 1/64-1942 Oberwart, am 6.I.1942.

Betr./: Zigeunerfrage, Lösung. Vertraulich.

An alle
Herren Bürgermeister !

Wie ich bereits in der letzten Bürgermeisterbesprechung bekanntgegeben habe, ist mit einer weiteren Lösung der Zigeunerfrage zu rechnen, wenn auch der Zeitpunkt vorläufig nicht bestimmt ist,.

Da aber festgestellt wurde, daß einzelne Zigeuner Grund besitzen und auch grundbücherliche Eigentumer sind, wäre es zweckmäßig, wenn dieselben veranlasst würden, den Grund heute schon an deutsche Volksgenossen oder auch an die Gemeinden zu einem angemessenen Preis verkaufen.

Ich bitte daher die Bürgermeister, etwa in Betracht kommende Zigeuner in geeigneter Weise zu veranlassen, daß sie heute schon ihren Grundbesitz verkaufen. Dies hat aber derart zu geschehen, daß keine Beunruhigung eintritt und Zigeuner nicht zur Meinung kommen, daß ihnen ein Abtransport heute oder morgen bevorstehe.

Dokumentationsarchiv des österreichischen Widerstandes, Wien (eventuell Akt 11.293)

In: Dokumentations- und Kulturzentrum Deutscher Sinti und Roma, Der nationalsozialistische Völkermord an den Sinti und Roma, Heidelberg 1995[2], S. 76.

Bürgermeister Eder war demnach auch an solchen Dienstbesprechungen beteiligt;
Oberinspektor Siegfried Schiffler stand dem Landkreis Steyr vor.

- Welche Maßnahme ordnete der Landrat an?
- Kannst du dir erklären, welchen Sinn diese Maßnahme haben sollte?
- Welche weiteren Maßnahmen werden angedeutet?

© 2018 Krapp & Gutknecht GmbH

„Bestialität des Anstands“ II (7. Kapitel – S. 80–94)

„Bestialität des Anstands. *Obwohl sich bisher,* schrieb Korn in ihrer Antwort an die Kriminalpolizeistelle in Innsbruck, *im Wesen der Sidonie Berger (Adlersburg) nichts Zigeunerhaftes gezeigt hat, halte ich es doch für besser, wenn die Minderjährige schon jetzt zur Mutter kommt,* [...]“ (S. 93f.)

➲ Warum bewertet der Erzähler das Verhalten von Frau Korn, Frau Grimm, des Bürgermeisters und anderer Menschen mit „Bestialität des Anstands“ (S. 93)?
Denke an die Aufgaben der Personen und an die Folgen ihrer Haltung für Sidonie und die Breirathers.

„Anstand“ umschreibt im Wortsinn:	Im Falle der Familie Breirather und Sidonie hätte Anstand erfordert:	Der „Anstand“ von Frau Grimm, Frau Korn, Bürgermeister Eder, Oberinspektor Schiffler, vieler Beamter im Nationalsozialismus:

ermöglicht

Folgen der Haltung für Sidonie und Familie Breirather

Sidonies Abschied – „Abschied von Sidonie“ (8. Kapitel – S. 95–102)

In der Erzählhandlung von Kapitel 8 hat der Erzähler das gegenseitige Abschiednehmen ineinander verflochten.

➲ Markiert in Partnerarbeit:

- rot die Textstellen, die Sidonies Abschiedsgefühle und -handlungen beschreiben
- blau die Stellen, an denen die anderen (Familie, Nachbarn, Freunde, Verwandte) von ihr Abschied nehmen

Ein Beispiel zu S. 97 unten:

- rot (Sidonie = kursiv in diesem Zitat)
- blau (andere = normal in diesem Zitat)

„Sidi, du mußt schlafen, sagte Josefa leise.
Das Mädchen schwieg.
Darfst morgen mit dem Zug fahren.
Bis Linz, fragte Sidonie mit dünner Stimme.
Weiter, viel weiter!
Josefa zog ihr die Tuchent bis zum Kinn hoch. *Aber das Mädchen deckte sich wieder ab und hielt Josefa ihre Puppe entgegen.*“

➲ Was lässt sich an der Farbfolge und ihrem Wechsel erkennen? Vergleicht z. B. eure Markierungen der Seiten 95/96 mit den letzten neun Zeilen auf S. 97 oder mit S. 100 bis S. 101 Mitte.

➲ Vor dem Lesen solltet ihr am Rand des Textes Lesenotizen wie diese anbringen:
Stimmlage (aufgeregt, ruhig, ...)
Lesetempo (bedächtig, schnell oder langsam, gleichmäßig)
Lautstärke (schreit ...)

➲ Lies zum Üben den Text mehrfach mit deinem Partner. Tragt ihn nun der Klasse vor.
Deine Mitschüler hören zu und beschreiben ihre Empfindungen, die sie während des Lesens hatten.
Versucht, den Bürgermeister und Frau Grimm mit einer dritten Stimme zu lesen.

1. Sidonie ist allein, ohne ihre Mutter. Im Zug soll sie sich bald beruhigt und auf ihre Puppe eingeredet haben.

   Textstelle S. 101: „[...], habe sich das Mädchen bald beruhigt, zurückgesetzt und leise auf ihre Puppe eingeredet.“

   ➲ Schreibe den Sprechtext für diese Szene.
   Versetze dich in Sidonies Lage:
   Sie hat Angst, weiß nicht, was sie erwartet und bräuchte Trost. Sidonie geht davon aus, dass es der Puppe gleich ergeht und tröstet sie.

2. Josefa ermahnte Sidonie tags zuvor, ihnen gleich nach der Ankunft zu schreiben (vgl. S. 97). Sidonie wartet nicht so lange und zieht schon während der Zugfahrt eine Karte aus dem Rucksack

   ➲ Schreibe diese Korrespondenzkarte während der Zugfahrt.
   Nimm dazu ein Papier in Postkartengröße. Vergiss Anschrift und Absender nicht.

© 2018 Krapp & Gutknecht GmbH

Ein Hörspiel aufnehmen – schnell und pfiffig! (8. Kapitel – S. 95–102)

Sidonies Abschied – „Abschied von Sidonie“

- Der Auszug dieses Kapitels lässt sich in vier Szenen gliedern. Diese findet ihr schnell, wenn ihr euch an Zeit- oder Ortswechseln orientiert.
- Findet heraus, wie viele Sprecher (Rollen) benötigt werden – einige Nebenrollen können von einer Sprecherin/einem Sprecher übernommen werden.
- Sucht euch zwei geeignete Mitschüler/-innen für die Gesamtleitung und die Aufnahme. Gut geeignet ist das Freeware-Programm „Audacity“.
- Teilt alle Beteiligten in vier Gruppen auf. Jede Gruppe gestaltet eine Szene.

Aufgaben (für alle vier Gruppen gleich):

1. Die Szene soll zu einem Hörspiel umgeformt werden.
   a) Welche Textstellen müssen in Reden (Dialog, Monolog) umgeformt werden?
   b) Welche Reden müssen erfunden werden, um dem Hörer – wenn notwendig – eine Vorstellung zu geben von: Ort, Zeit, Personen, wichtigen Gegenständen?
   c) Stimmung, Gefühle; evtl. müssen hier Satzbau und Sprechweise besonders berücksichtigt werden.

2. Es wird kein Textbuch erstellt. Legt lediglich den ungefähren Textverlauf und Aussagen, die unbedingt fallen müssen (z. B. Zeit- oder Ortswechsel), fest (Notizen/Regiebuch). Setzt den Erzähler sparsam ein!

3. An welchen Stellen kommt ihr um einen Erzähler nicht herum? Z. B. Zeit- oder Ortswechsel (sparsam einsetzen!).

4. Gebraucht eure Alltagssprache.

5. Setzt euch anschließend mit den anderen Gruppen zusammen und stimmt die Szenen aufeinander ab.

6. Bestimmt, welche Geräusche ihr unbedingt braucht (Geschirrklappern usw.). Verzichtet auf Geräusche, die einen zu hohen Aufwand erfordern.

7. Nehmt die einzelnen Szenen in kurzen, überschaubaren Abschnitten auf. Ansonsten kommt ihr vielleicht in Schwierigkeiten, weil ihr ja vieles improvisiert.

© 2018 Krapp & Gutknecht GmbH

Ein Hörspiel aufnehmen – schnell und pfiffig! (8. Kapitel – S. 95–102)

Tipps und Beispiele zur schnellen Lösung eurer Aufgabe:

Vorgang	Buchtext	Hörspieltext
Textstelle umformen	„[...], dann wieder prahlte sie vor Hilde mit einem abenteuerlichen Leben, das sie an der Seite ihrer neuen Mutter führen würde, [...]“ (S. 95)	**Sidonie:** „Was glaubst du Hilde, was ich alles erleben werde? Meine neue Mama wird mich in andere Länder mitnehmen ...“
Reden erfinden (Bsp. 1)	„Einmal krallte sie sich in heißer Trennungsangst an Josefa, [...]“ (S. 95)	**Sidonie:** „Lass mich nicht los, Mama!“ **Josefa:** „Ich halte dich fest, ich werde dich immer festhalten, auch wenn du fort bist.“
Reden erfinden (Bsp. 2)	„Dann der Abschied von Hans, der mit einem Mal so ein komisches Gesicht hatte, [...]“ (S. 98)	**Sidonie:** „Du machst aber ein komisches Gesicht, komm, gib meiner Puppe einen Abschiedskuss ...“
Reden erfinden (Bsp. 3)	„Manfred drehte das Foto um. Auf der Rückseite stand, [...]“ (S. 96)	**Sidonie:** „Gut getroffen. Da steht doch was auf der Rückseite: ‚Gehört Sidonie Adlersburg. Zur Erinnerung und damit ich zurückfinde ...‘ “
Erzähler	„Am Nachmittag kamen Josefas Tanten vorbei, [...]“ (S. 95)	Am Nachmittag kamen Josefas Tanten vorbei ...

Wenn ihr wollt, könnt ihr als Hilfe ein Regieboard anlegen.

Regieboard für ein Hörspiel

Unsere Szene:

Sprecher/Figur	Text (Stichworte)	Redeweise, Geräusche

© 2018 Krapp & Gutknecht GmbH

„Alles ordnungsgemäß“ (9. Kapitel – S. 103–111)

Erich Hackl beschreibt Frau Grimms Verhalten, als sie Sidonie nach Hopfgarten gebracht hatte, so:

„Nachdem Cäcilia Grimm Sidonie ordnungsgemäß übergeben hatte, fragte sie einen Gendarmen, wo denn diese Menschen untergebracht seien. Kommen Sie, sagte der Mann und nahm mit sie auf seinen Rundgang durch das Revier. Von fern zeigte er ihr die Baracke, aus deren Schornstein feiner Rauch stieg. Nähertreten, gar das Innere besichtigen wollte die Frau nicht. Und was geschieht mit ihnen, fragte sie. Der Gendarm zuckte die Achseln.“ (S. 107–108)

„Am nächsten Tag fuhr Cäcilia Grimm zurück nach Steyr. Hätte sie vor ihrer Abreise das Bedürfnis gespürt, und demselben nachgegeben, das Mädchen noch einmal, ein letztes Mal, zu sehen, wäre sie vielleicht überrascht gewesen, in der Baracke bis auf ein paar Fetzen nichts vorzufinden.“ (S. 109–110)

➲ Wie hätte sich die Fürsorgerin den Anforderungen ihres Berufes entsprechend verhalten müssen?

➲ Unterstreiche oben die Textstellen, mit denen das Verhalten von Frau Grimm kritisiert wird und trage sie hier ein.

Das Formular belegt den Fall eines Jungen aus Duderstadt. Auch er wurde in das sogenannte „polizeiliche Arbeitslager“ Auschwitz deportiert. Ein ähnliches Formular musste wohl auch Frau Grimm ausfüllen, um gegenüber der zuständigen Kriminalpolizei in Innsbruck nachzuweisen, dass sie Sidonie nach Hopfgarten gebracht hatte:

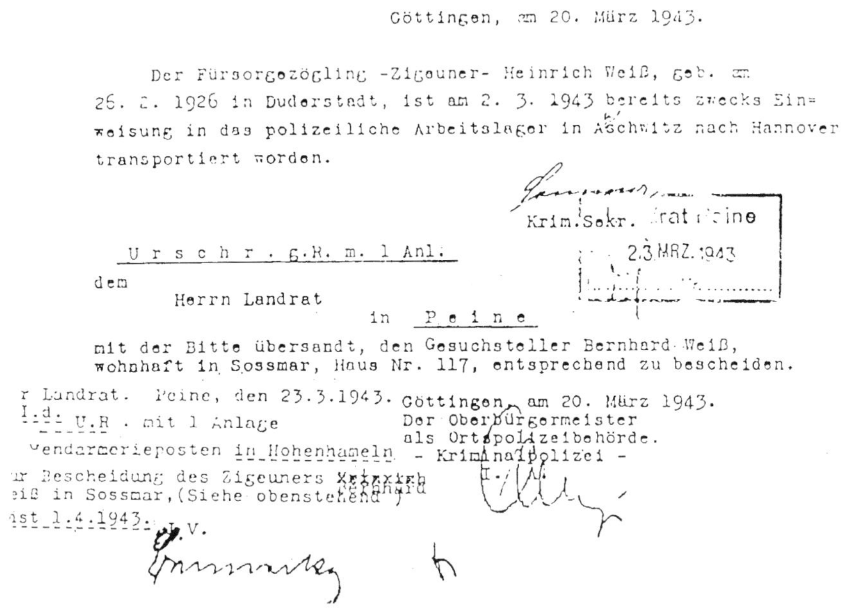

Göttingen, am 20. März 1943.

Der Fürsorgezögling -Zigeuner- Heinrich Weiß, geb. am 26. 2. 1926 in Duderstadt, ist am 2. 3. 1943 bereits zwecks Einweisung in das polizeiliche Arbeitslager in Auschwitz nach Hannover transportiert worden.

Krim.Sekr.

Landrat Peine 23. MRZ. 1943

Urschr. g.R. m. 1 Anl.

dem Herrn Landrat in Peine

mit der Bitte übersandt, den Gesuchsteller Bernhard Weiß, wohnhaft in Sossmar, Haus Nr. 117, entsprechend zu bescheiden.

Göttingen, am 20. März 1943.
Der Oberbürgermeister
als Ortspolizeibehörde.
- Kriminalpolizei -
I. A.

...r Landrat. Peine, den 23.3.1943.
I.d. U.R. mit 1 Anlage
...endarmerieposten in Hohenhameln
...ur Bescheidung des Zigeuners Bernhard ...eiß in Sossmar, (Siehe obenstehend)
...ist 1.4.1943.
I.V.

Stadtarchiv Göttingen, Pol. Dir. III D F. 24 Nr. 3

In: Dokumentations- und Kulturzentrum Deutscher Sinti und Roma, Der nationalsozialistische Völkermord an den Sinti und Roma, Heidelberg 1995[2], S. 170.

© 2018 Krapp & Gutknecht GmbH

Die Deportation von Sinti und Roma in Stuttgart

Das folgende Bild wurde im Mai 1940 in Hohenasperg bei Stuttgart aufgenommen. Es zeigt, wie Sinti und Roma vom Sammellager in Hohenasperg in Gettos und Konzentrationslager nach Polen deportiert werden. Es gibt viele solcher Aufnahmen aus anderen Orten.

© Bundesarchiv, R 165 Bild 244-42 o. Ang.

- Welche Gedanken mögen den Zuschauern (siehe rechte Seite, Gehweg) durch den Kopf gegangen sein? Formuliere einige dieser Fragen deinem Nachbarn gegenüber.
- Wie könnten die Zuschauer reagiert haben?

„Ein tränenloses Gesicht“ (9. Kapitel – S. 108–111)

Frau Grimm liefert Sidonie auf dem Gemeindeamt Hopfgarten ab.

➲ Lies diese Szene nach (S. 108, 2. Absatz bis S. 109 unten).
Trage in den Keil ein, wie Sidonies Verhalten beschrieben wird.

Maria Berger, Sidonies leibliche Mutter, zu Bürgermeister Salcher; und zu Frau Grimm:

Zähle auf, wie Georg Frick, ein Bekannter der Familie Breirather, Sidonie erlebt hat:

„Ich bitte dich, sagte er zu Hans, erzähl deiner Frau nichts davon.“ (S. 111)

Was ist in Sidonie geschehen?

Wer? Was? brachte Sidonie nach Auschwitz?

© 2018 Krapp & Gutknecht GmbH

„Sie sei nicht an Typhus – an Kränkung ist sie gestorben.“ (10.–11. Kapitel – S. 112–128)

Mehr als 500.000 Sinti und Roma fielen im nationalsozialistisch besetzten Europa dem Holocaust zum Opfer. Über 25.000 von ihnen stammten aus Deutschland und Österreich.

➲ Lies nach, was die Breirathers über Sidonies Tod 1947 erfahren (S. 115–116) und wie Joschi Adlersburg ihren Tod schildert (S. 121).

➲ Lies auch den Zeitzeugenbericht von Else Schmidt (SH S. 45). Sie schildert ihre Erlebnisse im Konzentrationslager Auschwitz als achtjähriges Mädchen.

➲ Was bedeutet es, im KZ zu sein?
Bedenke bei deinen Antworten auch, woran Sidonie gestorben ist.

© 2018 Krapp & Gutknecht GmbH

Alles vorbei und vergessen?

Hans Breirather erfuhr erst spät vom Tod Sidonies (siehe Seite 115–116). Zu seiner Wut und seinem Schmerz kam die Enttäuschung über das öffentliche Schweigen. Er bemühte sich bis zu seinem Tod um ein Gedenken und um ein Eingeständnis der Schuld.

In einer Reihe „Verfolgung, Holocaust und Völkermord im Nationalsozialismus" erscheint eine Feuilletonseite zu den Ereignissen um Sidonie und die Familie Breirather. Darin schreibt auch **Hans Breirather** einen **Artikel** mit dem Titel „Sidonie – von Rassenfanatikern ermordet". Ihr könnt natürlich eine eigene Überschrift wählen.

In einem **Vorspann** dazu schreibt der zuständige Redakteur, worin es im Feuilleton geht. In einer **Kurzbiografie** wird der Werdegang von **Hans Breirather** vorgestellt. Der Kommentar eines Redakteurs rundet die Seite ab.

So könnte das Layout der Feuilletonseite im DIN A3-Zeitungsformat aussehen. Selbstverständlich sollt ihr eure Vorstellungen und Gestaltungsideen einbringen. Dies gilt auch für die Überschriften.

Tipps und Hilfen

Die Eintragungen zu bisherigen Arbeitsblättern helfen euch.

Vorspann

Der Vorspann stellt das Thema vor und gibt einen Überblick über die verschiedenen Artikel der Seite. Die wichtigsten W-Fragen (Was, Wer, Wann, Wo?) zu den Ereignissen in Sierning und nach dem Krieg werden kurz beantwortet.

Kurzbiografie zu Hans Breirather

Sammle, bevor du Hans Breirathers Werdegang beschreibst, Informationen zu:

- beruflichem und persönlichem Werdegang
- politischen Erfahrungen

Vergiss nicht Hans' Motive, sich für ein Gedenken an Sidonie einzusetzen und wie auf diese reagiert wurde. Bewerte hier jedoch nicht, formuliere knapp und sachlich.

Artikel Hans Breirather

Als Autor für eine Zeitung muss Hans Breirather die Leser umfassend über Ereignisse und Hintergründe informieren:

- Wie Sidi zu uns kam und unser Kind wurde (Tipp: Betrachte die Bilder der Fotoseite 43, stelle zuerst die geeigneten Textstellen zusammen und schreibe dann mit ihrer Hilfe [Kapitel 1; S. 20/21; S. 30/31; Kapitel 4])
- Wie sie uns genommen wurde
- Er wird die Menschen anklagen, die das zugelassen haben
- Auch wenn du (in der Rolle von Hans Breirather) persönlich betroffen und innerlich verletzt bist, bleibe gerecht und sachlich, begründe Vorwürfe
- Versetze dich in Hans Breirather und überlege: Was will er erreichen – auch mit diesem Artikel?

FEUILLETON
Völkermord im Nationalsozialismus

Das Verbrechen an Sidonie
Der Völkermord an Sinti und Roma
Einleitung zum Thema

Das Verbrechen an unserer Sidonie.
Ein Bericht von Hans Breirather

Fotos aus Schülerheft/Geschichtsbüchern zur Illustration

Hans Breirather – zur Person:
Kurzbiografie zu Hans Breirather – mit Foto –

„Wir haben es zugelassen"
Kommentar von ...

Vergiss nicht, alle Artikel mit aussagefähigen Bildern samt Bildunterschriften zu versehen.

Einen Kommentar schreiben

Aus der Aufsatzlehre kennst du die Erörterung.
Der Kommentar ist der Artikel einer Zeitung, in der ein Journalist seine Meinung wiedergibt.
Kommentare auf der Titelseite werden Leitartikel genannt, sie verfasst in der Regel ein Chefredakteur.
Er nimmt darin Stellung und nimmt eine Position ein.

© 2018 Krapp & Gutknecht GmbH

Gedenken an Sidonie – der „Sidonie-Adlersburg"-Kindergarten

Tipps zum Verfassen eines Kommentars

- Der einleitende Satz eines Kommentars weist auf die Angelegenheit, worum es geht, hin.
- Ein Kommentar bezieht eine klare Position. Deshalb werden die Argumente klar genannt und durch Belege gestützt.
- Oft bezieht sich ein Kommentar auf eine vorherrschende Meinung und widerspricht dieser.
- Ebenso kritisiert er Verhaltensweisen.
- Es erfolgen keine persönlichen Angriffe. Solche wirken als „Blocker" – gerade bei den Menschen, die man mit dem Kommentar erreichen will!
- Angreifen löst ebenfalls schnell Abwehrhaltung aus. „Positive" Verstärker können Beispiele sein, die zeigen, dass es auch – mit Erfolg/ohne Nachteile – anders geht.
- Am Schluss steht ein Appell, eine Aufforderung etwas zu tun und zu ändern.
- Als Schluss können auch Lösungsmöglichkeiten angeboten werden.

Auch Kommentare und Berichte sollen interessant und nicht trocken sein. Deshalb sprechen Journalisten gerne vom „anfeatern". Darunter verstehen sie:

- Eine ansprechende Überschrift („Lead"), die den Leser motiviert, weiter zu lesen. Dafür geeignet sind auch die Wiedergabe von Stimmungen und Zitate.
- Eine Frage in der Überschrift, die Antwort im Kommentar, eine oft eingesetzte rhetorische Variante.

Manfred Breirather hat sich, wie sein Vater, um das Gedenken an Sidonie bemüht. Dafür wurde er oft angefeindet und als „Kommunist" beschimpft.
Lies das Gespräch mit ihm und wie es im September 2000 zu einem Denkmal und dem „Sidonie-Adlersburg"-Kindergarten in Sierning-Letten kam auf den Seiten 50–55. Darin äußern sich auch Paula Breirather und Erich Hackl zur Entwicklung. Das Interview mit Erich Hackl (Seite 56–58) vermittelt ebenfalls interessante Einblicke.
Manfred Breirather hat die Einweihung des Kindergartens nicht erlebt. Er verstarb am 4. Oktober 1999.

Gedenken an Sidonie – der „Sidonie-Adlersburg"-Kindergarten in Sierning-Letten

Eine Rede aus der Sicht der Erfahrungen Manfred Breirathers

„Dann bemühte sich Manfred, das Schweigen um das Mädchen zu brechen." (S. 118)

Manfred Breirather hat das Bemühen seiner Eltern fortgesetzt, an Sidonie zu erinnern und der Vorgänge zu gedenken. Im Jahr 2000 wurde der neue Kindergarten in Sierning-Letten mit dem Namen „Sidonie Adlersburg" eingeweiht.

➲ 1. Verfasse eine Rede als Manfred Breirather, die er anlässlich der Einweihung des Kindergartens hätte halten können. Lies dazu zuerst das Gespräch mit Manfred Breirather.

„Denkmal – Denk mal" – ein Informationsvortrag und eine Gedenktafel

Bei einem Informationsabend stellen die Kindergärtnerinnen des „Sidonie-Adlersburg"-Kindergartens Leben und Schicksal der Namensgeberin den Eltern vor.

➲ 2. Gestalte diesen Vortrag und eventuell auch eine kleine Informationsausstellung.

➲ 3. Gestalte eine Gedenktafel für den Kindergarten und verfasse einen Text dazu.
(Auf Seite 53 findest du den Text der Gedenkinschrift in Sierning-Letten.)

© 2018 Krapp & Gutknecht GmbH

Das Schicksal von Sinti und Roma bleibt auch heute noch vielerorts unerwähnt, wenn den Opfern des Nationalsozialismus gedacht wird. So war es bis an die Wende zum 21. Jahrhundert auch in Greven, auch in Hamburg, auch in ...

Jede Gemeinde führt ein Archiv. Dort werden wichtige Ereignisse in und um die Gemeinde herum aufbewahrt. Manche Orte haben ein Archiv mit Dokumenten, Fotos, Bildern usw., das weit in die Vergangenheit zurückreicht. Leider sind durch Brände oder Kriegseinwirkungen viele Archive unvollständig. Überlebende und Nachkommen, stille Zeugen, die geschwiegen haben, gibt es oft auch in der Nachbarschaft. Dass aktive Lokalgeschichte sehr spannend sein und zu großen Überraschungen führen kann, sollen die zwei hier dokumentierten Fälle belegen.

Klasse 8e Gymnasium Augustinianum, Greven – es geschah auch in Greven

Die Jugendlichen der Klasse 8e des Gymnasiums Augustinianum in Greven führten mit ihrer Lehrerin, Christa Klemann, und Mitarbeitern des Stadtarchivs Greven Recherchen über das Schicksal von drei Sinti- und Roma-Kindern durch.

Auf das Thema stieß die Klasse, als sie nach dem Lesen von „Als Hitler das rosa Kaninchen stahl" nach Material suchte, um die Geschichte des Nationalsozialismus „vor Ort" zu untersuchen. Das Stadtarchiv stellte sein bereits zusammengetragenes Material zur Verfügung, einige Schüler überprüften dieses im Stadtarchiv und ergänzten durch eigenes Nachforschen. In Form von Tagebucheinträgen, Gedichten und eines Hörspiels wurden die Ergebnisse verarbeitet und ausgestellt. Besonders erschütterte die Jugendlichen die Deportation und Ermordung von drei Mädchen. Deshalb schlugen sie der Stadtverwaltung Greven vor, für das Sinti-Mädchen Margot Krause eine Gedenktafel an ihrer ehemaligen Schule anzubringen. Ähnlich wie bei Sidonie hätte Margot Krause gerettet werden können, wenn engagierte Mitmenschen geholfen hätten.

Bürgermeister Steingrube nahm die Anregungen auf – heute erinnern Straßennamen, ergänzt mit Hinweisschildern, an die Verbrechen an Sinti und Roma in Greven und gedenken der Opfer. Am Volkstrauertag fand eine Gedenkstunde im Rathaus der Stadt Greven statt. In einem Vortrag wurde an die Verbrechen der NS-Zeit erinnert und auf die Verdrängung hingewiesen.

Die Stadtverwaltung in einer Pressemitteilung:
„Der Volkstrauertag ist Gedenktag für die Opfer der beiden Weltkriege und des Nationalsozialismus. Sinti und Roma, die „Zigeuner", waren bis vor kurzer Zeit ein stark verdrängtes Kapitel der deutschen Vergangenheitspolitik. Dabei geschah deren Verfolgung nicht nur hinter der Kriegsfront oder weit weg in den Vernichtungslagern Osteuropas, sie geschah auch in Greven."
(Aus: Westfälische Nachrichten, 8.11.1996, in: Sinti-Roma-Projekt, Grevener Geschichtsblätter Nr. 2, Stadt Greven 1997, Stadtarchiv).

Das ganze Projekt wurde in einer Dokumentation des Stadtarchivs Greven veröffentlicht.

Hamburg – „Als die Musik verstummte ..."

In Hamburg wurden zwischen 1940 und 1943 über 900 Sinti und Roma deportiert, die meisten von ihnen wurden ermordet. Viviane Wünsche erfuhr von diesen Ereignissen durch die „Harburger Gedenkwoche", die anlässlich des 60. Jahrestages der Deportation daran erinnerte.

Zuerst meinte sie, dass *„solche Verbrechen vielleicht woanders, aber nicht in der ‚heilen Welt' meiner Heimatstadt geschehen seien"*. Bald erkannte sie, dass viele Ortsansässige das Geschehen miterlebt hatten, die einen als Opfer, die anderen als Täter oder als Zuschauer. So begannen ihre Nachforschungen, in deren Mittelpunkt die Opfer standen. Durch die Begegnung mit Gottfried Weiß, einem Zeitzeugen, erfuhr sie viel über das Leiden und Sterben der Menschen und über die Anordnungen der Täter:

Foto: Günter Krapp

„Um vier Uhr morgens wurde Gottfried Weiß zusammen mit seinen Eltern und Geschwistern von Angehörigen der SS aus dem Bett gejagt. Zusammen mit 902 anderen Sinti brachten sie die Familien in einen Schuppen nahe der Baakenbrücke. Nach mehreren Tagen wurde sie ins Vernichtungslager Belzec deportiert. Gottfried Weiß überlebte als einer der Wenigen den Vernichtungsterror der Nazis."

© 2018 Krapp & Gutknecht GmbH

Nach ihren intensiven Recherchen schrieb Viviane Wünsche einen Brief an Bürgermeister Runde, in dem sie vorschlug, eine zweite Gedenktafel anzubringen, denn bis zum Jahr 2000 gab es nur eine an der Harburger Polizeiwache Nöldkestraße.

Dass ihre Arbeit im Januar 2000 mit dem Bertini-Preis ausgezeichnet wurde, verschaffte ihrem Anliegen mehr Aufmerksamkeit. Die Kulturbehörde ging auf Vivianes Anregung ein und ließ am 16. Mai eine schwarze Gedenktafel an der Baakenbrücke anbringen. Wenn sich auch kaum jemand an die stark befahrene Brücke verirrt, hofft Viviane dennoch, *„dass die Tafel erst der Anfang ist"*.

„Die alarmierenden Meldungen der jüngsten Zeit über die zunehmende Zahl rechtsextremistischer Gewalttaten gegen Minderheiten, wie Obdachlose, Fremde und Behinderte, bestärkten mich nur in meinem Vorsatz, die Vergangenheit nach allen Seiten hin zu durchleuchten. Offenbar haben – oder wollen – einige ‚Brandstifter' vergessen, wozu grenzenlose Überheblichkeit und ungezügelte Menschenverachtung schon einmal vor 60 Jahren führten, als sie in millionenfachem Leid und Tod endeten."

Viviane Wünsche mit Gottfried Weiß

Der Bertini-Preis wird jedes Jahr am Holocaust-Gedenktag an Hamburger Jugendliche vergeben, die sich engagieren gegen das Vergessen vergangenen Unrechts oder gegen Ausgrenzung und Gewalt heute. Der Preis wurde von Ralph Giordano, einem bekannten Schriftsteller, gespendet. In seinem Roman „Die Bertinis" hatte er die autobiografischen Erinnerungen einer Familie unter der NS-Herrschaft verarbeitet.

30 Meter Papier voller Tod und Leben

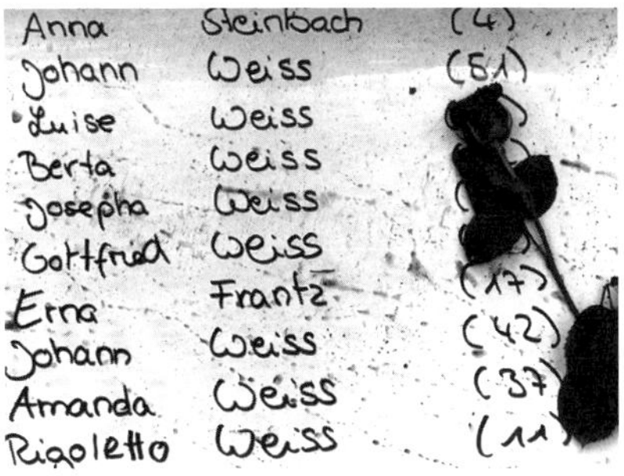

Viviane Wünsche und Gottfried Weiß entrollen vorsichtig eine lange Liste. Weit mehr als 30 Meter weißes Papier liegt vor ihnen in der Sonne. 30 Meter voller Erinnerungen, voller Leben – und voller Tod. *„Die hier sind alle tot"*, erzählt Gottfried Weiß, während er mit seiner Hand auf zehn Namen auf der Liste weist. Der 72-Jährige geht langsam an dem ausgerollten Papier entlang, immer wieder auf Namen von Sinti und Roma zeigend, Menschen, die dem Völkermord der Nationalsozialisten zum Opfer fielen. Insgesamt 552 Namen von Deportierten leuchten auf dem weißen Papier auf dem Schulhof des Eißendorfer Heisenberg-Gymnasiums. Sie sollen uns an das Leid erinnern, das den „Menschen zweiter Klasse" während des Nazi-Regimes widerfahren ist. *„Wir haben die Liste geschrieben, um bewußtzumachen, daß sich hinter jedem Namen ein Mensch verbirgt. Die Zahl 552 allein sagt nur wenig aus"*, erklärt Viviane Wünsche ihre Arbeit.

Fotos: Klaus Möller, Rosengarten

© 2018 Krapp & Gutknecht GmbH

Vom Material zur Erzählung

Sicher ist es kaum nachvollziehbar, was sich im Kopf eines Autors alles abspielt, wenn er eine große Erzählung schreibt. Dennoch gibt gerade „Abschied von Sidonie“ interessante Anreize, einige Überlegungen in diese Richtung anzustellen:

Warum? Der Autor stößt, in welchem Zusammenhang auch immer, auf den Fall. Er beginnt, sich dafür zu interessieren und so sucht er weiteres Material.

Erich Hackl mit Dokumenten, die er zu „Abschied von Sidonie“ recherchierte

Er findet: →

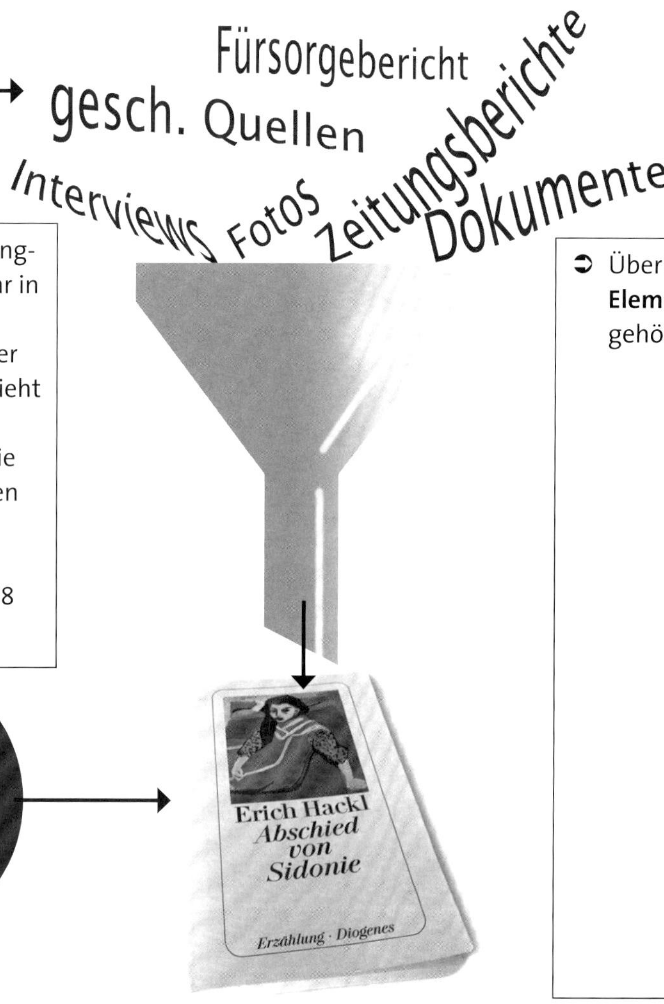

Einiges von diesem umfangreichen Material findet ihr in diesem Heft.
Doch jetzt hat der Erzähler nur den **Stoff**. Was geschieht nun in diesem „Trichter“, aus dem nun das Buch, die Erzählung, herauskommen soll – was muss also Erich Hackl tun?
Das Interview auf S. 56–58 gibt einige Antworten.

➲ Überlegt, welche typischen **Elemente** zu einer **Erzählung** gehören:

Welche gestalterischen Arbeiten musste der Erzähler Erich Hackl leisten?

© 2018 Krapp & Gutknecht GmbH

Fotoseite

Sidonie Adlersburg

Blick aus der Wohnung – das Bild, das Manfred Sidonie zum Abschied schenkte

Sidonie (Mitte) mit Hilde und Nachbarskind hinter dem Haus in Letten

Sidonie (links) mit Hilde

Familie Breirather mit Sidonie und Freunden, um 1941

Familiengrab auf dem Steyrer Friedhof

Fotos: privat

Zeitzeugen erinnern sich

Michael Böhmer

„Ich war zehn Jahre alt, an viele Einzelheiten kann und will ich mich nicht mehr entsinnen."

„Ich bin 1940, am 17. Mai, von Koblenz weggekommen, als Zehnjähriger, zusammen mit meiner Familie. Wir hatten in der Wellersgasse gewohnt, in der Altstadt, also mitten drin in der Stadt, an der alten Moselbrücke. Aber da ist nichts mehr übrig geblieben, genau wie in Darmstadt. 1937 auf 1938 sind wir nach Koblenz gezogen, zuvor haben wir im Hunsrück gewohnt, dort, wo ich geboren bin, in Morscheid, Wiedenburg. Da waren wir noch frei.

In Koblenz hat mein Vater gearbeitet, genauso wie mein ältester Bruder. Sie haben im Hoch- und Tiefbau gearbeitet, meine Mutter hatte noch ihr Gewerbe. Wir waren zusammen sechs Geschwister; und in Koblenz lebten viele von unseren Verwandten.

Ich bin in Koblenz in die Schule gegangen. Mit sieben Jahren bin ich in die Schule gekommen, und zwar in die Thielen-Schule. Drei Jahre war ich dort in der Schule. Das ist etwas, an das ich mich genau erinnere, mein erster Tag, als ich zur Schule gehen konnte.

Das könnte ich aufzählen, als wenn es heute gewesen wäre. Das waren Sachen, für die ich mich als Kind so sehr interessiert habe, etwas zu lernen. Ich kann lesen und schreiben, obwohl ich nur drei Jahre zur Schule gehen konnte.

In der Schule bin ich nicht verstoßen worden von den anderen Kindern. Ich bin genauso anerkannt worden wie die anderen. Wir hatten einen guten Lehrer, den Lehrer Gabel. Ich weiß noch, vormittags, wenn Pause war; da hat mich der Lehrer oft zwischen den anderen zu sich gewunken. Ich bin dann zu ihm gegangen, und er hat mir ein belegtes Brot gegeben. Wir waren ja arm. Ich hatte auch gute Zeugnisse gehabt. Zur Schule gehen zu können, darauf war ich stolz.

Das war für mich schlimm, sehr sehr schlimm, nicht mehr zur Schule gehen zu dürfen. Ich habe so viele Sachen im Kopf gehabt, damals in der Schule. Ich habe mich immer sehr für Autos interessiert, und so was Mechanisches hätte ich gerne gemacht. Automechaniker; das wäre schön gewesen. Aber die Jahre, in denen ich etwas hätte lernen können, die sind so verstrichen, ohne daß ich eine Möglichkeit gehabt hätte.

Wir haben vom Nationalsozialismus als Kinder nichts mitbekommen. Unsere Eltern haben das alles von uns fern gehalten. Wir waren dann festgeschrieben worden, wir durften die Stadt Koblenz nicht verlassen. Jede erwachsene Person mußte feste Arbeit haben, wer keine Arbeit bekam, der wurde schon 1937 ins Lager gebracht. Bis 1940 haben sie uns noch geschont, weil wir arbeiten konnten, wenn wir nicht in Arbeit gewesen wären, dann hätten sie uns sicher schon früher geholt.

Es war damals im Mai 1940. Wir sind morgensfrüh, um sechs, sieben Uhr, von der Gestapo oder Kriminalpolizei, die Männer waren in Zivil, aus der Wohnung herausgeholt worden. Wir sind in eine Schule gekommen, wo die ganzen Sinti von Koblenz gesammelt wurden, mindestens 25 Familien. In Koblenz haben von jeher viele Familien gewohnt.

Wir sind in solchen Viehwaggons nach Polen gekommen, das heißt in das besetzte Polen, in das Generalgouvernement, wie es die Nazis nannten. Der Transport ging über Köln, dort war eine der zentralen Sammelstellen für Westdeutschland. In den Kölner Messehallen waren hunderte Sinti zusammengebracht worden, und von dort aus ging der Zug nach Polen. Ich war zehn Jahre alt, an viele Einzelheiten kann und will ich mich nicht mehr entsinnen."

Herbert Heuß: Darmstadt. Auschwitz. Die Verfolgung der Sinti in Darmstadt, Darmstadt 1995, S.82–83
Aus: Christoph Ortmeyer, Elke Peters, Daniel Strauß, Antiziganismus- Geschichte und Gegenwart deutscher Sinti und Roma, Materialien zum Unterricht, Sekundarstufe I – Heft 136, Gesellschaftslehre Politik, S. 36;
Hessisches Landesinstitut für Pädagogik (HeLP), Wiesbaden 1998, mit freundlicher Genehmigung.

© 2018 Krapp & Gutknecht GmbH

Zeitzeugen erinnern sich

Abschiedsbrief des vierzehnjährigen Robert R., der 1943 aus dem Nardini-Heim in Pirmasens von der Gestapo abgeholt wurde, um nach Auschwitz deportiert zu werden:

„Ich habe meine Eltern und Geschwister wiedergefunden. Wir sind auf dem Transport in das Konzentrationslager. Ich weiß, was uns bevorsteht, meine Eltern wissen es nicht. Ich habe mich nun innerlich so weit durchgerungen, daß ich auch den Tod ertragen werde. Ich danke noch einmal für alles Gute, das Sie mir erwiesen. Grüße an alle Kameraden. Auf Wiedersehen im Himmel! Euer Robert."

Zeitzeugenbericht von Else Schmidt, die mit acht Jahren ihren Adoptiveltern weggenommen und als ‚Viertelzigeunerin' nach Auschwitz deportiert wurde:

„Geboren bin ich am 18. Dezember 1935. Ich bin als Adoptivkind in einer Hamburger Familie aufgewachsen, doch das habe ich zunächst nicht gewußt, sondern ich habe immer angenommen, daß ich ein leibliches Kind meiner Adoptiveltern bin. Ich hatte weißblonde Haare und blaue Augen. Erst später habe ich erfahren, daß meine leibliche Mutter eine sogenannte ‚Halbzigeunerin' ist [...].

Im April 1944 hat sich alles wiederholt. Zwei Männer in langen Ledermänteln haben mich sehr früh am Morgen abgeholt. Mein Adoptivvater hat sich wohl gedacht, dass es dieses Mal nicht so leicht werden würde, mich wieder zurückzubekommen, und da hat er mir gesagt, dass ich nicht sein leibliches Kind bin; er hat geweint dabei. Auch meine Mutter hat mir unter Tränen gesagt ‚Wir sind nicht deine Eltern. Du wirst deine Mutter dort, wo du jetzt hingehst, treffen.' Das alles kam völlig unvorbereitet für mich, und ich konnte es überhaupt nicht begreifen. Es gibt Details, an die man sich als Kind ganz besonders erinnert. So hatte ich meine Adoptiveltern beim Gehen immer an der Hand genommen, um nicht verloren zu gehen. Ich kann mich noch deutlich erinnern, daß ich die Hand eines der Gestapomänner gesucht habe, um sie anzufassen, doch er hat meine Hand weggestoßen. Das sind so kleine Dinge, an die ich mich ganz genau erinnern kann. Denn für mich als Kind waren sie groß.

Die beiden Männer führten mich erneut zu diesem großen Lagerhaus, im Inneren waren wieder sehr viele Menschen. Wie sich herausgestellt hat, waren das alles ‚Zigeuner'. Wieder mußten wir lange warten. Zu dieser Zeit hatte ich die Masern, ich war krank – und ich war doch ganz allein, ich hatte keinen Erwachsenen, den ich kannte, bei mir.

Schließlich wurden wir in Viehwagen mit Stroh gesteckt. Meine Adoptiveltern hatten mir einen kleinen Koffer mit Kleidungsstücken mitgegeben. Am Körper trug ich meine besten Sachen. Dann rollte der Zug an. Wir fuhren viele Stunden und hatten großen Durst. An der Schiebetür war ein Mann mit Uniform, der hatte einen Wasserkessel und eine Kelle, man konnte zu ihm hingehen und aus der Kelle Wasser trinken. Die sanitären Anlagen waren auch in der Nähe der Tür. Wenn ein Erwachsener sie benutzen wollte, ist ein anderer mitgegangen und hat eine Wolldecke vorgehalten. Ich habe natürlich gleich schreckliches Heimweh bekommen, war ich doch zuvor noch nie von meinen Adoptiveltern weggewesen.

Ich weiß nicht mehr, wie lange die Reise dauerte, doch sie dauerte sehr lange. Der Zug hat oft angehalten, aber wir durften höchstens ein oder zwei Mal aussteigen. Doch ich selbst bin nicht ausgestiegen, denn wir hielten ja nicht auf Bahnsteigen, und die Stufe war so hoch, daß ich Angst hatte, alleine nicht wieder auf den Wagen heraufzukommen. Endlich sind wir in Auschwitz angekommen – für mich war dies damals überhaupt kein Begriff. Wir mußten alles ausziehen, und unsere ganzen Kleider wurden auf einen großen Haufen geworfen, dabei mußte ich auch meinen Koffer weggeben. Nachdem wir alle duschen mußten, gingen wir durch eine Straße, links und rechts standen Baracken, in eine dieser Baracken kam ich. An die Nummer der Baracke kann ich mich nicht mehr erinnern. Aber ich weiß noch, daß auf der einen Seite das Krematorium war und auf der anderen Seite war die Küche. Die Toiletten waren auf der Krematoriumsseite, da ging ein ziemlich tiefer Graben mit nicht viel Wasser hindurch.

Zum Zudecken bekamen wir Wolldecken, die waren bestimmt noch nie gewaschen worden, sie waren regelrecht steif. Ich hatte noch nie in meinem Leben Wolldecken gesehen ohne Bettwäsche, all dies war mir sehr fremd. Am nächsten Tag kam eine Frau, ihr Name war Wanda, und sie sagte zu mir: ‚Du kommst mit mir.' Sie hatte ein kleines Zimmer denn jede

© 2018 Krapp & Gutknecht GmbH

Baracke hatte auf der rechten und auf der linken Seite ein Zimmer für privilegierte Gefangene. Darin stand ein Bett und ein Tisch, und auf diesem Tisch habe ich geschlafen. Sie hatte einen kleinen Teppich auf dem Tisch liegen, mit dem konnte ich mich zudecken. Als ich in meiner Naivität Wanda fragte, wann es Frühstück gibt, lachten sie und ihre Freundinnen mich aus. Ihre beiden Freundinnen hießen Meka und Nussi. Sie sagten, hier gäbe es kein Frühstück, das ganze Frühstück bestand aus einer Schale mit einer schwarzen Brühe. Ich erinnere mich genau, daß von der Schale das braune Emaille schon abgeblättert war. Aber Wanda hatte noch ein wenig Marmelade in einer Dose, und sie hat mir einen Löffel davon gegeben – Brot gab es keines. Mittags oder nachmittags bekamen wir noch ungefähr einen halben Liter Suppe, doch es ist Wanda gelungen, sich manchmal zusätzlich etwas zu ‚organisieren'.

Ich war die ganze Zeit in der Baracke. Zur Zwangsarbeit wurde ich nicht herangezogen – ich war ja noch ein Kind. Viele schreckliche Dinge, die ich erlebt habe, habe ich erst viel später in meinem Leben wirklich begriffen. Als achtjähriges Kind hatte ich anfangs noch überhaupt keine Idee, was Schlechtigkeit ist. So waren viele Menschen sehr krank und sehr abgemagert, einige bekamen Anfälle, viele hingen tot am elektrischen Zaun. Erst hinterher, als Erwachsene, habe ich tatsächlich erkannt, daß dies die Hölle auf Erden war.

Ich bin im Lager herumgegangen und habe versucht, mich irgendwie zu beschäftigen. Dabei bin ich auch nahe an den Stacheldraht an der Krematoriumsseite, gekommen. Dort habe ich lange Schlangen von Menschen gesehen, die zum Krematorium liefen. Auch am Tag meiner Ankunft war ich im Krematorium gewesen, wo ich meinen Koffer weggeben mußte, wo wir duschen mußten. Als wir wieder herauskamen, stand vor uns ein SS-Mann, der uns ‚begutachtete'. Wir waren viele Menschen und wanderten langsam zum Ausgang. Der SS-Mann hat zu einzelnen immer wieder gesagt ‚raus', diejenigen mußten dann zur anderen Seite. Wie ich später erfahren habe, sind sie alle verbrannt worden. Sie sind erst gar nicht mit ins Lager gekommen.

Irgendwann habe ich auf dem Lagergelände ein Stück Glas gefunden von einer starken Brille, eine Linse, das war mein Spielzeug: Ich habe die Sonne darauf scheinen lassen und Gras angebrannt. Es gab auch eine Holzhütte mit einem Astloch, wo ich hindurchgucken konnte. Als Kind macht man das ja, vor allem, wenn man Langeweile hat. Zunächst konnte ich überhaupt nicht verstehen, was ich da sah: Es waren Leichen mit weißem Kalk bestreut, alle lagen durcheinander. Als Kind konnte ich mir gar nicht vorstellen, was das war. Sehr viel später, Jahre nach meiner Befreiung, hatte ich fürchterliche Albträume von diesem Anblick. Daß ich in Hamburg am Rathaus unter dem Portal stehe, und Menschen, die neben mir stehen, sagen zu mir, ich solle mit ihnen kommen. Doch ich sage: ‚Nein, ich kann nicht auf den Boden auftreten, denn der ganze Fußboden ist voller Leichen.' Doch die anderen Menschen im Traum können die Toten nicht sehen, sie gehen einfach darüber mit ihren hochhackigen Schuhen und nehmen die Leichen überhaupt nicht wahr. Solche Träume hatte ich nach meiner Rückkehr nach Deutschland.

Wie gesagt, als Kind war mir noch nicht bewußt, wieviel Grauenhaftes ich mit ansehen mußte. Ich erinnere mich etwa daran, daß in Auschwitz ein Häftling versucht hatte zu fliehen; er wurde zurückgebracht, und jeder mußte aus den Baracken heraustreten, um sich den mißhandelten Flüchtling anzusehen, der auf einer Bahre herumgetragen wurde. Ich weiß noch ganz genau, daß Wanda dabei ihre Hand über meine Augen gehalten hat, sodaß ich ihn nicht anschauen mußte.

Ich erinnere mich noch deutlich an einen Abend, als der Himmel über dem Krematorium ganz rot war und man viele Leute schreien hörte: ‚Mörder – Mörder!' Wir alle mußten in der Baracke bleiben, und keiner durfte auf die Straße hinaus. Ich verstand das nicht, denn zu der Zeit war ich nicht mehr mit Wanda zusammen, und ich fragte jemanden, was denn los sei. Man sagte mir, daß jetzt Menschen verbrannt werden. Ich kann mich noch genau daran erinnern, daß ich gesagt habe: ‚Man kann doch überhaupt keine Menschen verbrennen. Man verbrennt Holz oder Kohle, aber keine Menschen.' Es war furchtbar.

Meine Mutter habe ich in Auschwitz nie gesehen. Ich habe noch vier Geschwister, die sind ebenfalls nach Auschwitz eingeliefert worden, sie wurden mir dort

© 2018 Krapp & Gutknecht GmbH

als meine Geschwister vorgestellt. Wir waren alle blond und blauäugig. Dieter und Uwe waren Zwillinge, von Elisabeth weiß ich noch, daß sie eine Brille trug. Diese drei Geschwister sind nicht mit mir nach Ravensbrück gekommen, nur meine jüngere Schwester Rosemarie wurde mir in die Hand gedrückt, im Viehwagen nach Ravensbrück. Man sagte zu mir: ‚Das ist deine Schwester.' Sie hatte Lungenentzündung, und ich hielt sie während der ganzen Reise in meinem Arm, sie hat gezittert vor Fieber. Doch ich war noch zu jung um zu wissen, was Fieber ist. Nachts sind wir in Ravensbrück angekommen, wir sind ausgestiegen und mußten lange warten. Beim Aussteigen kam ein SS-Mann, der mir Rosemarie weggenommen hat. Es war das letzte Mal, daß ich sie dort gesehen habe. Erst viel später habe ich erfahren, daß sie überlebt hat. Sie lebt heute in der Schweiz und war zu diesem Zeitpunkt nicht einmal drei Jahre alt.

Nach der Ankunft in Ravensbrück mußten wir uns in Sechserreihen aufstellen, wir fühlten uns alle sehr elend. Als einige fragten, warum wir warten müßten, wurde uns gesagt, die Baracken seien noch nicht leer. Als wir schließlich in die Baracken durften, sah es so aus, als sei schon alles besetzt. Es gab fast kein Licht in dieser Baracke, und je tiefer man in die Baracke kam, um so dunkler wurde es. Uns wurde gedroht, daß jeder ganz schnell einen Platz finden müsse. Natürlich hat jeder nur an sich selbst gedacht und sich irgendwie reingedrängelt. Ich fühlte mich klein und hilflos, und als die Zeit vergangen war hatte ich noch immer keine Koje. Da kam eine Polin und warf mich einfach auf eine Koje, in der bereits vier oder fünf Menschen lagen. Sie warf mich einfach auf die anderen Leute.

Von diesem Zeitpunkt an war alles sehr schlimm. Über vieles, was in Ravensbrück geschehen ist, kann ich bis heute nicht sprechen.

Schon in der Frühe mußten wir Appell stehen. Es war inzwischen sehr kalt geworden, ich hatte keine Schuhe, nur ein Sommerkleid und einen Schlüpfer der schon ganz durchlöchert war. Oft wurde ich von den uniformierten SS-Frauen geschlagen; ich hatte Angst vor allem. Einmal wurden Wurzeln ausgegeben für Kinder. Eine der uniformierten Frauen, die die Wurzeln austeilten, hat mich gefragt, ob ich hier ganz allein sei. Ich habe nicht geantwortet; ich habe immer Angst gehabt, was immer ich sage, ist falsch und wird bestraft. Am liebsten wollte ich unsichtbar sein. Die uniformierte Frau hat kein Wort aus mir herausbekommen, nicht einmal, daß ich ‚ja' gesagt habe.

Eines Tages habe ich von meinen Adoptiveltern ein Paket mit Lebensmitteln bekommen. Beim Auspacken hörte ich plötzlich, daß jemand meinen Namen sagt. Obwohl ich seit meiner Ankunft in Ravensbrück kaum ein Wort gesprochen hatte, kannte eine Frau meinen Namen und bat mich um einen Keks. Diese Frau lag auf einer anderen Koje. Jemand hat sie an den Armen hochgehalten, damit ich sie besser sehen konnte, und hat mir gesagt, das sei Nussi – ich habe sie nicht einmal wiedererkannt, so sehr war sie abgemagert. Ich kann mich noch daran erinnern, daß man Nussi einmal in Auschwitz in die Krankenstation geschleppt hatte, obwohl sie sich verzweifelt wehrte und mit den Fäusten um sich schlug. Heute glaube ich, daß man sie zu medizinischen Experimenten mißbraucht hat. Nussi war erst 18 Jahre alt. Ich habe dann meine Kekse mit ihr geteilt.

Schließlich hat es mein Adoptivvater doch geschafft, daß ich entlassen worden bin.

Ich erinnere mich noch genau, als er gekommen ist, um mich abzuholen."

Aus: Romani Rose (Hrsg.), Der nationalsozialistische Völkermord an den Sinti und Roma, S. 180 ff., Dokumentations- und Kulturzentrum Deutscher Sinti und Roma Heidelberg 1995

© 2018 Krapp & Gutknecht GmbH

Chronologie des Völkermordes an den Sinti und Roma

1933
Erste Einweisungen in Konzentrationslager. Auf der Grundlage des „Gesetzes zur Verhütung erbkranken Nachwuchses" vom 14. Juli 1933 werden ab 1934 auch Sinti und Roma Opfer von Zwangssterilisationen.

22. September 1933
Errichtung der Reichskulturkammer als berufsständischer Zwangsorganisation unter Leitung von Goebbels. Der „rassisch" begründete Ausschluss aus einer der Kammern, etwa der Reichsmusik- oder der Reichsfilmkammer, bedeutet für viele Sinti und Roma Berufsverbot.

15. September 1935
Verkündung der „Nürnberger Rassengesetze". Sinti und Roma werden ebenso wie Juden zu Bürgern mit eingeschränkten Rechten herabgestuft, Verbindungen zwischen Sinti und Roma und „Deutschblütigen" verboten.

16. Juli 1936
Zwei Wochen vor Eröffnung der Olympischen Spiele werden Hunderte Berliner Sinti und Roma in ein KZ-ähnliches Zwangslager in Berlin-Marzahn eingewiesen. Ab Mitte der Dreißigerjahre richten zahlreiche weitere Städte solche Lager ein. Durch eine Vielzahl von Sonderbestimmungen werden Sinti und Roma schrittweise entrechtet und ausgegrenzt.

November 1937
Gründung der „Rassenhygienischen Forschungsstelle" unter Leitung von Dr. Robert Ritter in Berlin. Diese spielt in der Folge eine wichtige Rolle bei der totalen Erfassung der Sinti und Roma im Deutschen Reich.

1938/1939
Von Juni 1938 bis Juni 1939 werden mindestens 2.000 Sinti und Roma, darunter Kinder ab 12 Jahren, in die Konzentrationslager Sachsenhausen, Buchenwald, Dachau, Mauthausen und Ravensbrück zur Zwangsarbeit verschleppt.

1. Oktober 1938
Auf Weisung Himmlers wird im „Reichskriminalpolizeiamt" (RKPA) in Berlin die „Reichszentrale zur Bekämpfung des Zigeunerunwesens" eingerichtet, die die Erfassung und Verfolgung der Sinti und Roma im Deutschen Reich steuert und koordiniert.
Das RKPA unter der Leitung von SS-Oberführer Nebe wird im September 1939 Teil des neu gegründeten „Reichssicherheitshauptamts" (RSHA), das bei der Planung und Organisation des Völkermords an Juden und an Sinti und Roma im besetzten Europa eine Schlüsselfunktion hat.

8. Dezember 1938
Himmler: Es sei *„die Regelung der Zigeunerfrage aus dem Wesen dieser Rasse heraus in Angriff zu nehmen."* Mit dem Ziel der *„endgültigen Lösung der Zigeunerfrage"* ordnet Himmler die Erfassung aller Sinti und Roma im Deutschen Reich durch die „Rassenhygienische Forschungsstelle" an, die bis Kriegsende über 24.000 „Rassegutachten" von Sinti und Roma anfertigt. Die Gutachten bilden eine wesentliche Grundlage für die Selektion der Opfer und für ihre Deportation in die Konzentrations- und Vernichtungslager.

21. September 1939
Bei einer Besprechung im RSHA wird beschlossen, die Juden sowie „die restlichen 30.000 Zigeuner" in das besetzte Polen zu deportieren. Bei einem weiteren Treffen am 30. Januar 1940 wird diese Absicht konkretisiert. Laut Protokoll soll *„als letzte Massenbewegung die Abschiebung von sämtlichen Juden der neuen Ostgaue und 30.000 Zigeuner* [sic!] *aus dem Reichsgebiet in das Generalgouvernement erfolgen."*

17. Oktober 1939
Himmlers „Festsetzungserlass" zur Vorbereitung der geplanten Deportationen: Allen Sinti und Roma wird unter Androhung von KZ-Haft verboten, ihre Wohnorte zu verlassen.

Anfang 1940
Errichtung besonderer Konzentrationslager für Sinti und Roma in Österreich: Das größte war in Lackenbach im Burgenland, wohin über 4.000 Menschen verschleppt wurden.

Mai 1940
Erste Massendeportation ganzer Familien auf der Grundlage des Himmler-Befehls vom 27. April 1940 in das besetzte Polen, wo sie in Konzentrationslagern und später auch in Gettos (u. a. in Warschau) Zwangsarbeit leisten müssen und größtenteils gewaltsam ums Leben kommen.

11. Februar 1941
Das Oberkommando der Wehrmacht ordnet „aus rassepolitischen Gründen" die „Entlassung von Zigeunern und Zigeunermischlingen aus dem aktiven Wehrdienst" an.

22. März 1941
Ein Runderlass des Reichsministers für Wissenschaft, Erziehung und Volksbildung schafft die Voraussetzungen für den Ausschluss von Sinti- und Roma-Kindern vom Schulunterricht.

30. Mai 1941
Der deutsche Militärbefehlshaber in Serbien erlässt: *„Zigeuner werden den Juden gleichgestellt."*

Ab Sommer 1941
Sinti und Roma werden nach dem Überfall auf die Sowjetunion hinter der Front systematisch von den „Einsatzgruppen der Sicherheitspolizei und des SD" sowie Kommandos der Wehrmacht und der Polizei erschossen.

26. Oktober 1941
Die deutsche Militärverwaltung in Serbien ordnet an, *„grundsätzlich in jedem Fall alle jüdischen Männer und alle männlichen Zigeuner als Geisel der Truppe zur Verfügung zu stellen."* Tausende Juden und Roma werden in der Folge von Kommandos der Wehrmacht erschossen. In einem Vortrag von Harald Turner, dem Leiter des Verwaltungsstabs der Militärverwaltung in Serbien, vom 29. August 1942 heißt es: *„Judenfrage ebenso wie die Zigeunerfrage völlig liquidiert (Serbien einziges Land, in dem Judenfrage und Zigeunerfrage gelöst)."*

November 1941
Etwa 5.000 Sinti und Roma aus dem österreichischen Burgenland, die Hälfte sind Kinder und Jugendliche, werden nach Litzmannstadt (Łódź) deportiert, wo man innerhalb des jüdischen Gettos ein abgetrenntes „Zigeunerlager" einrichtet. Etwa 600 Menschen sterben dort an Krankheiten und Seuchen. Alle übrigen Lagerinsassen werden im Januar 1942 ins Vernichtungslager Chełmno gebracht und vergast.

© 2018 Krapp & Gutknecht GmbH

Chronologie des Völkermordes an den Sinti und Roma

Dezember 1941
Kommandos der Einsatzgruppe D erschießen alle Bewohner des Roma-Viertels in Simferopol (Krim), nachdem man die Menschen in den Wochen zuvor namentlich registriert hat.

Februar 1942
Etwa 2.000 ostpreußische Sinti und Roma, meist Bauern mit Höfen und Vieh, werden in das Getto Białystok und später nach Auschwitz deportiert.

Mai 1942
Das kroatische Ustascha-Regime erlässt die Anweisung, alle „Zigeuner" festzunehmen. Tausende kroatische Roma werden in der Folge in das KZ Jasenovac und andere Lager verschleppt und ermordet.

28. Mai 1942
Anordnung des Kreishauptmanns Warschau-Land, „Zigeuner" in den „jüdischen Wohnbezirk" einzuweisen. Im Warschauer Getto müssen Sinti und Roma Armbinden mit der Aufschrift „Z" tragen. Die meisten werden später in Treblinka ermordet.

Juni bis September 1942
Über 25.000 rumänische Roma werden in die besetzte Ukraine (Transnistrien) deportiert, wo der Großteil der Menschen umkommt.

10. Juli 1942
Anweisung an die Behörden des „Protektorats Böhmen und Mähren", alle dort lebenden „Zigeuner" zu erfassen. Im August werden in Lety und Hodonin KZ-ähnliche Zwangslager für Sinti und Roma eingerichtet, in denen über 500 Menschen den unmenschlichen Lebensbedingungen erliegen. Ende 1942 beginnt der Abtransport der Lagerinsassen nach Auschwitz. Insgesamt werden aus dem „Protektorat" etwa 4.500 Sinti und Roma nach Auschwitz-Birkenau deportiert und dort größtenteils ermordet.

14. September 1942
Reichsjustizminister Thierack protokolliert nach einer Besprechung mit Goebbels über die Auslieferung von Justizgefangenen an die SS: *„Hinsichtlich der Vernichtung asozialen Lebens steht Dr. Goebbels auf dem Standpunkt, daß Juden und Zigeuner schlechthin [...] vernichtet werden sollen. Der Gedanke der Vernichtung durch Arbeit sei der beste."*

16. Dezember 1942
Ein auf diesen Tag datierter Befehl Himmlers („Auschwitz-Erlass") bildet die Grundlage für die Ende Februar 1943 beginnende Deportation von 23.000 Sinti und Roma aus fast ganz Europa (darunter etwa 13.000 aus Deutschland und Österreich) in das Vernichtungslager Auschwitz-Birkenau. Dort richtet die SS im Lagerabschnitt B II e ein so genanntes „Zigeunerlager" ein.

30. Januar 1943
Erlass des RSHA über die Einziehung des Vermögens der nach Auschwitz-Birkenau deportierten Sinti und Roma.

23. März 1943
Erste Massenvernichtungsaktion im „Zigeunerlager" Auschwitz-Birkenau: Etwa 1.700 Sinti und Roma aus der Region Białystok werden in den Gaskammern ermordet. Zwei Monate später, am 25. Mai, werden über tausend weitere Sinti und Roma im Gas erstickt.

Mit freundlicher Genehmigung: Dokumentations- und Kulturzentrum Deutscher Sinti und Roma, Heidelberg. (Stand: 25.09.2018)

30. Mai 1943
Josef Mengele wird Lagerarzt im „Zigeunerlager", wo er Häftlinge für medizinische Versuche missbraucht. Vor allem Mengeles „Zwillingsforschung" fallen zahlreiche Sinti- und Roma-Kinder sowie jüdische Kinder zum Opfer.

2. August 1944
Auflösung des „Zigeunerlagers" in Auschwitz-Birkenau: Die letzten Überlebenden dieses Lagerabschnitts werden in der Nacht auf den 3. August in den Gaskammern ermordet. Man geht heute von 4.200 bis 4.400 Menschen – meist Kinder, Frauen und Alte – aus. Etwa 3.000 Sinti und Roma sind in den Monaten zuvor als Zwangsarbeiter für die Rüstungsindustrie in andere Konzentrationslager ins Reichsgebiet verlegt worden.

26. September 1944
Im KZ Buchenwald werden etwa 200 vor allem jugendliche Sinti und Roma auf einen Transport nach Auschwitz geschickt und zwei Wochen später im Gas erstickt.

Ende 1944/Anfang 1945
Nach Machtübernahme der faschistischen „Pfeilkreuzler" in Ungarn am 15. Oktober 1944 werden im November und Dezember Tausende ungarischer Roma verhaftet und in das Sammellager Komaróm gebracht. Sowohl in Ungarn als auch in der Slowakei fallen in der letzten Kriegsphase zahlreiche Roma Massenerschießungen zum Opfer.

1945
Viele Sinti und Roma kommen bei der Evakuierung der Konzentrationslager, den so genannten Todesmärschen, um oder sterben bald nach der Befreiung an den Folgen ihrer Haft. Die Zahl der ermordeten Sinti und Roma wird auf eine halbe Million geschätzt. Von den 35.000 bis 40.000 erfassten deutschen und österreichischen Sinti und Roma wurden etwa 25.000 ermordet.

17. März 1982
Beim Empfang des Zentralrats Deutscher Sinti und Roma erklärt Bundeskanzler Schmidt: *„Den Sinti und Roma ist durch die NS-Diktatur schweres Unrecht zugefügt worden. Sie wurden aus rassischen Gründen verfolgt. Diese Verbrechen haben den Tatbestand des Völkermords erfüllt."* Damit wird der Völkermord an den Sinti und Roma nach Jahrzehnten der Verdrängung erstmals offiziell von einer deutschen Bundesregierung anerkannt.

16. März 1997
Anlässlich der Eröffnung des Dokumentations- und Kulturzentrums Deutscher Sinti und Roma in Heidelberg erklärt Bundespräsident Roman Herzog: *„Der Völkermord an den Sinti und Roma ist aus dem gleichen Motiv des Rassenwahns, mit dem gleichen Vorsatz und dem gleichen Willen zur planmäßigen und endgültigen Vernichtung durchgeführt worden wie der an den Juden. Sie wurden im gesamten Einflussbereich der Nationalsozialisten systematisch und familienweise vom Kleinkind bis zum Greis ermordet."*

24. Oktober 2012
Im Beisein von Bundespräsident Joachim Gauck und Bundeskanzlerin Angela Merkel wird das nationale Denkmal für die im Nationalsozialismus ermordeten Sinti und Roma sowie für Überlebende des Völkermords eingeweiht. Mehr als zwanzig Jahre lang war über den Standort und über die Konzeption der von Dani Karavan entworfenen Gedenkstätte politisch gerungen worden.

Gespräch mit Manfred Breirather

Im Juli 1998 trafen wir, Rosemarie Fischer und Günter Krapp, uns mit Manfred Breirather in Steyr. Gemeinsam besuchten wir das Grab der Familie und Plätze, die an Sidonies Leben erinnern: das Krankenhaus in Steyr, in Sierning die Schule, das Elternhaus in Letten, die Gedenktafel am Heim der Sozialistischen Jugend, das Familiengrab, auf dessen Grabstein an Sidonie erinnert wird. Aus der Begegnung entwuchs eine Freundschaft mit ihm und seiner Frau Paula. Manfred Breirather verstarb am 4. Oktober 1999, Paula Breirather am 1. Februar 2004.

Wie gelangte Sidonie in Ihre Familie?

Die Anfänge Sidonies erfuhr man durch einen Zettel auf ihrer Brust: „Ich heiße Sidonie Adlersburg und bin geboren auf der Straße nach Altheim", das ist im westlichen Oberösterreich etwa 100 km von hier (Steyr). Das heißt, wenn die Zigeuner normal gezogen sind, könnte Sidonie schon einige Wochen alt gewesen sein, als man sie vor dem Krankenhaus fand.
Sie war dann zuerst bei einer Familie, von der sie nicht angenommen wurde und kam dann zurück ins Krankenhaus.

Über die erste Begegnung mit der Mutter (Josefa Breirather):

Vier oder fünf Kinder lagen in ihren Körben, alle hellhäutig und eines dunkelhäutig. Zwei oder drei Kinder haben geweint und als meine Mutter zum Bettchen mit dem schwarzen Kind hingegangen ist, hat dieses sofort den Finger meiner Mutter genommen. Worauf diese gesagt hat: „Die nehm ich!"

Und wenn sie das erzählt hat, hat sie öfter gesagt: „Wenn ich gewusst hätte, was ich mir da einhandle."

Weshalb haben Sie die Grabinschrift „Sidonie Adlersburg, gestorben in Auschwitz" anbringen lassen?

Die Inschrift habe ich beim Tod des Vaters eingravieren lassen, weil nicht abzusehen war, ob die Ereignisse um Sidonie noch einmal in Erinnerung gebracht werden können. Sie soll ein Schlussstatement sein: „Wen's interessiert, der liest's."

„Gestorben" wurde anstatt „ermordet" gewählt, weil ich die Art des Todes bei Errichtung des Steines noch nicht wusste. Zudem wollte ich nicht Gefahr laufen, dass es nur heißt: „Da verteufelt einer nur die Nazis!" Wie sie zu Tode kam, habe ich erst danach von Joschi Adlersburg erfahren *(davon an anderer Stelle).*

Welche Bedeutung hat das Buch „Abschied von Sidonie" für Sie?

Die Geschichte von Sidonie ist die Geschichte einer Familie. Und diese Geschichte hat wieder eine Geschichte: Unser Umgang mit Geschichte und dem, was man aus ihr lernt, das Denkmal einer Geschichte, für das ich mich seit Langem einsetze.

Wie lebte sich Sidonie bei Ihnen ein?

Wir hatten ein ganz normales Familienleben. Ich war eben der große Bruder. Die beiden Mädchen, Sidi und Hilde, die kurz nacheinander als Pflegekinder in unsere Familie gekommen waren, hatten ein sehr enges Verhältnis zueinander. Sie haben die ganze Zeit miteinander gespielt. Die eine war eine Hälfte der anderen. Die beiden Mädchen sind immer gleich behandelt worden. Der Sidi hat die Mutter manchmal mehr durchgehen lassen und hat dann dabei gesagt: „Wer weiß, was sie noch mitmachen muss."

Das Menschenbild der Familie war geprägt durch die Erlebnisse des Vaters im Krieg 1914–1918 und im Lager. Auch seine Haft nach dem Februaraufstand 1934 ist, so sehr wir uns auch an diesen Zustand gewöhnt hatten, nicht unbeeinflusst an mir vorübergegangen. Meine Mutter war eine Kämpfernatur, die, wann immer jemand in ihr Schutzrefugium eingebrochen ist, kräftig vom Leder gezogen hat. Sie war in solchen Fällen streitbar. Da sie eine gerechte Frau war, hat sie den Vater nie veranlasst, um der Sicherheit der Familie willen mit der Politik aufzuhören. Mein Vater wiederum musste wie alle, die mit dem Regime nicht einverstanden waren, auf seine Kinder aufpassen, dass sie nichts verplappern, und er hat auch so getan, als sei er mit meinem Beitritt zur Hitlerjugend einverstanden.

Wie gingen die Mitmenschen mit Sidonie um?

Die Sidi war bei uns ein völlig normales Kind, halt ein Mohrenkind. An manchen Stellen war sie fast blauschwarz. Bewusst hat die Mutter ihr deshalb mit Vorliebe ein weißes Kleid angezogen. Und auch zur Firmung hat die Patin eine weiße Kutsche besorgt, um zu demonstrieren: Ich mache das bewusst.

© 2018 Krapp & Gutknecht GmbH

Manfred mit Hilde (links) und Sidonie (rechts)
Foto: privat

In der Schule hat sie sich schwergetan. Ihr Ziel und Inhalt war, der Schönauer zu helfen, ihr zu gefallen. Als sie die Klasse wiederholen musste, kam sie tänzelnd die Straße heruntergesprungen mit den Worten: „Ich darf bei der Lehrerin bleiben. Ich muss sitzenbleiben."

In dieser Szene zeigt sich ihre liebenswerte Naivität, ihre Anhänglichkeit. Sie tat vieles, um so zu sein wie die Lehrerin und die anderen Kinder: Sie wusch sich, beschmierte ihr Gesicht mit Mehl.

Von den anderen Kindern war sie geduldet. Gab es Querelen, beschimpften sie sie schon mit „Zigeunermensch". Massiv trat nur Frau Krobath (in Wirklichkeit hieß sie anders), eine gestandene Nazi-Frau, gegen sie auf: „Das schwarze Luder muss weg!" sagte sie hintenherum zu anderen.

Die meisten Erwachsenen nahmen die Schimpfworte, die im Streit fielen, nicht ernst. Für sie war es normal: Zigeuner waren minderwertige Menschen, Untermenschen wie auch die Kriegsgefangenen, polnische und russische, Untermenschen waren. Herrenmenschen konnten für viele nur Arier sein!

Der Arzt hingegen, der eigentlich national-konservativ, kein Nazi und sozial eingestellt war, beging mit dieser Verweigerung (von Sidonies Behandlung) eine einzelne Handlung, bei der er der Versuchung, Rassist zu sein, nicht widerstehen konnte.

Hackl zeigt, indem er ihn mit in die Handlung hereinnahm, dass selbst sozial eingestellte Menschen immer wieder in Versuchung kamen, national eng zu denken.

Zur Deportation Sidonies

Die Szene, wie der Vater Sidonie bei einem Bauern in Rettung bringen will, hat sich so nicht ereignet. Hackl hat sie erfunden. Jedoch gab es ernsthafte Überlegungen, solche Rettungsversuche zu unternehmen. Konkret ist jedoch nie etwas passiert, da das Risiko für die Familie zu groß war.

Vater, der Erfahrungen hatte, wie man mit Leuten umgeht, die anders sind und anders denken, hatte schon früh Ahnungen, was Sidonie passieren würde. Schon ab 1938 gab es Gespräche der Eltern, da sie über Auslandssender (z. B. Radio Beromünster) über KZs Bescheid wussten, in denen Sätze fielen wie: „Es wird für das Dirndl schwierig werden.", „Es wird uns nicht bleiben.", „Es wird ihm etwas Schreckliches widerfahren." Auch bei der Jugend hat man ab 1938 erfahren, was es bedeutet, rassisch verfolgt zu sein. Es war Allgemeinwissen.

Als sie weg war, war man sich fast sicher, dass sie ermordet wird, weil man den „Sinn" von KZs auch durch Mauthausen wusste, da alle Zigeuner spurlos verschwunden waren. Der damalige Gauleiter von Steiermark/Burgenland war ein vehementer Betreiber der Deportation der Zigeuner; er wurde nach dem Krieg verurteilt, aber wieder begnadigt. KZ hieß für uns immer Tod!

Die Tage des Abschieds

Mir war danach nicht ganz wohl, als ich ihr das Foto geschenkt hatte. Zur Erinnerung an deinen Heimatort Letten, stand hinten darauf. Mit 17 Jahren lernt man dann, dass es ein Herzweh geben kann.
Als ich abends von der Arbeit zurückkam, war sie einfach nicht mehr da.

Ich habe mit angesehen, wie meine Mutter auch körperlich Schmerzen durchstand, als wir die Sachen zusammengepackt haben.

Sie hat ihr ein Glaskreuz mitgegeben, das ich immer haben wollte, aber die Mutter hat bestimmt festgelegt: „Nein, das kriegt sie mit." Und ich habe mir dann immer wieder vorgestellt, wie die Sidi in einer Baracke sitzt, das Kreuz in den Händen als Erinnerung an eine Zeit, in der sie noch glücklich war. Die Jahrzehnte hindurch hat die Mutter das Schicksal nicht verkraftet, sie hat es bis zum Tod nicht verwunden: Immer, wenn über das „Was wäre wenn?" geredet wurde, hat sie geschlossen mit „Mei Sidi". Sie hat sie geliebt!

© 2018 Krapp & Gutknecht GmbH

Gespräch mit Manfred Breirather

Foto: privat

Rosemarie Fischer und Günter Krapp mit Manfred Breirather vor der Wohnung Nr. 30

Zur Schuldfrage

Die Kripo Innsbruck hatte den Fall beim Schreiben an die Fürsorgestelle offengelassen. Als Zentralstelle war sie genau darüber informiert, was mit dem Kind passiert.

Der Bürgermeister befürwortete schriftlich die Rückführung zur leiblichen Mutter. Der hat eigentlich Schuld. Der hätte es in seiner Hand gehabt, das Kind bei der Familie zu lassen.

Er wusste, dass sie aufgenommen war, dass ihr weiterer Lebensweg schon gesichert war: Sie sollte Schneiderin werden und sie tat alles dafür, um zu den anderen zu gehören. Hätte er gesagt, das Kind kann bleiben, wäre sie wohl auch heute noch da.

Er hatte kein Motiv, so zu handeln. Er war ein Vollzieher, ein überzeugter Nazi, der in allem seine Richtigkeit sah, was der Führer wollte. Das ist das Bestialische an diesen „Anständigen“: Wohlgefallen nach oben, das unkritisch zur Kenntnis nimmt, über sich ergehen lässt und nur vollzieht.

Die Korn *(geänderter Name)* arbeitete nicht als Mensch, sondern sie war die Behörde, die in einem Verwaltungsakt nach vorne die Mutter gesucht und gefunden hat, um Geld zu sparen und die Arbeit der Richtigkeit nach zu Ende zu bringen. Die Grimm entstammte einer konservativen national denkenden Familie und hielt wohl die dort herrschenden Vorstellungen und Menschenbilder für nicht hinterfragbar und richtig, sodass persönliche Regungen beruflich nicht zu interessieren hatten.

Über Sidonies wahren Tod

Das richtige Ende von Sidonie habe ich durch Erich Hackl und dieser von Joschi Adlersburg erfahren. In privater Aktion über eine Teppichausstellung habe ich Kontakt zur Familie Adlersburg aufgenommen. Bis dorthin hat man angenommen, sie sei ermordet, also vergast worden, wie ihre Familie oder an Misshandlungen gestorben. Erst Erich Hackl hat uns erzählt, dass sie nichts mehr gegessen, nicht mehr geschlafen hat, an Kränkung gestorben ist.

Öffentlich darüber geredet habe ich erst, als durch Hackl alles literarisch fundiert war. Einem stigmatisierten Kommunisten wurde vorher eh nicht zugehört.

Zu Hans Breirather und seinem Weg von der SPÖ zum Kommunist

Schon ab 1932 gab es zahlreiche Austritte: von solchen, die sich ducken wollten und deshalb bei der NSDAP eintraten und solchen, die von den Sozialdemokraten enttäuscht waren. Aus letzterem Grunde wurde mein Vater schließlich Kommunist. Und es blieben ihm in den Steyr-Werken auch weiterhin Kollegen, mit denen er politisch vertraut sein konnte.

Nach dem Krieg war er der einzige Kommunist im Gemeinderat. Die Sozialdemokraten, von denen die meisten bei der NSDAP gewesen waren, haben sich von ihm immer mehr abgewendet, er wurde niedergeschrien und schließlich nicht mehr gewählt. Er hatte mit den Konservativen eine wesentlich sachlichere Gesprächsbasis. Die Sozialdemokraten wurden seine schlimmsten Widersacher, sie wollten ihm heimzahlen, dass er Kommunist geworden war und nicht wie sie geglaubt hatten, zurückgefallen ist. Letztendlich hat er auch in der Frage „ein Denkmal, ein leises Eingeständnis für Sidonie“ nichts erreichen können. Zum Schluss war er anteilnahmslos und es wurde kaum noch über Sidi gesprochen.

Wird Hackl den Figuren gerecht?

40 Jahre danach eine Geschichte zu schreiben, die hundertprozentig wahr ist, das gibt es nicht.

Die Geschichte lebt von drei Fakten: den persönlichen Erlebnissen meiner Mutter, meinen eigenen und den Recherchen des Erich Hackl. Zu Hackl habe ich nach dem Lesen des Buches gesagt: „Du musst eine Fliege gewesen sein und in unserer Stube gewohnt haben.“

Bis auf einige Sachen ist die Geschichte so treffend, dass es in der Wirklichkeit nicht anders hätte sein können.

Reaktionen auf das Buch bzw. den Film

Mit Sierning gab es keinen Kontakt bezüglich des Buches, die Dreharbeiten wurden mit Neugierde oder gar nicht wahrgenommen. Manche meinten auch: „Lass die alten Sachen gehen!“ Auch das entstandene Heimatbuch führt das Mittelalter in aller Breite aus und wird ab 1933 verdächtig dürftig.

© 2018 Krapp & Gutknecht GmbH

Gespräch mit Manfred Breirather

Die Anbringung einer Gedenktafel der Sozialistischen Jugend – Dezember 1988

Als Hackl den Preis der österreichischen Fernsehunion bekam, beschloss der Bezirksvorsitzende der Sozialistischen Jugend in einer Nacht-und-Nebelaktion, – „Es muss etwas getan werden" – eine Gedenktafel anzubringen. Ein anderer Ort als das Heim der Sozialistischen Jugend wurde nicht gefunden. Die Gemeinde wollte sich nicht bekennen.

Der damalige Bürgermeister, ein Cousin von mir, wies darauf hin, dass an der Kirchenmauer ein allgemeines Gedenken an die Opfer der Kriege angebracht sei.

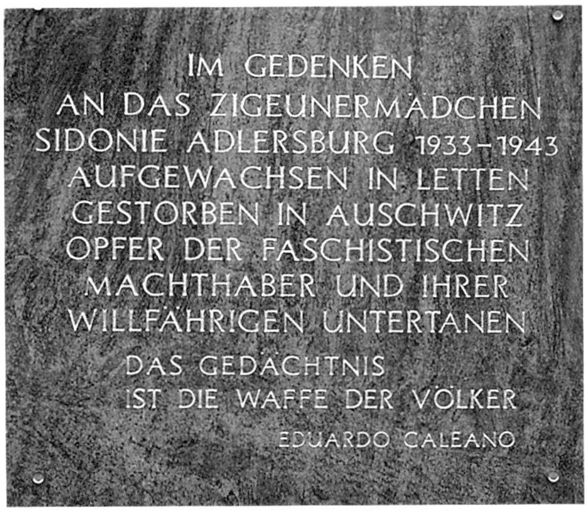

Foto: Günter Krapp

Mein Vater wollte das Gedenken an „ein Kind, das sich nicht helfen konnte, aber das Hilfe brauchte und dem niemand half" gleich nach dem Krieg wachhalten. Am Kriegerdenkmal sollte daher eine Erinnerung an Sidonie angebracht werden. Damals wurde eine salomonische Lösung getroffen: Das Kriegerdenkmal kam weg und an der Kirchenmauer wurde der Gedenkspruch „Zum Gedenken an die Opfer der Kriege" angebracht. An der Friedhofsmauer, wo eine Gedenktafel für erschossene KZ-Häftlinge ist, durfte das Gedenken an Sidonie auch nicht sein.

Ein Denkmal für Sidonie wäre eigentlich eine rein Sierninger Angelegenheit. Erst in jüngster Zeit bemühen sich ein Politiker, der eine gewisse historische Verantwortung fühlt, und ein Lehrer für politische Bildung, der in Sierning lebt, um ein solches Gedenken an Sidonie.

Die Tragik ist, dass die Anstöße von außen kommen müssen: Durch die Arbeit einer Wiener Gruppe der dortigen Lehrerausbildung und durch ihren Brief an die Gemeinde, zu Sidonie ein Buch in Deutschland für Lehrer und Schüler herauszubringen, fühlen sich manche in Sierning positiv blamiert. Von innen bewegen die Dinge gar nichts.

„So war jedes Wort für Sidonie ein Wort von außen"
Der Weg zum „Sidonie-Adlersburg"-Kindergarten in Sierning

Manfred Breirather hat den Schmerz um „Sidi" nie überwunden. Genau wie seine Enttäuschung darüber, dass viele „vor Ort" die Ereignisse verdrängten, schwiegen oder sich nicht erinnern wollten. Bei seinen Bemühungen um das Gedenken an Sidonie wurde er als Kommunist beschimpft. Bekannte wandten sich von ihm ab, er und seine Frau Paula litten unter Diffamierungen und mussten persönlich Nachteile erdulden.

Schon einmal, 1998, wurde Erich Hackls Erzählung „Abschied von Sidonie" zur Pflichtlektüre für die 10. Klassen an Realschulen in Baden-Württemberg. Wie bei vielen österreichischen Jugendlichen löste das Buch Betroffenheit und Engagement aus. Manfred Breirather und Erich Hackl erhielten zahlreiche Briefe, Schulklassen aus Österreich und aus Deutschland wandten sich auch direkt an die Gemeinde Sierning. Manfred Breirather konnte vielen Jugendlichen und Lehrern seine Erfahrungen und sein Anliegen persönlich vortragen.

Und es bewegte sich etwas: In Sierning schlugen Gemeinderatsmitglieder vor, den notwendig gewordenen neuen Kindergarten nach Sidonie Adlersburg zu benennen und davor eine Bronzeplastik zum Gedächtnis aufzustellen. Anfangs beabsichtigte man noch, den Namen Breirather auf der Gedenktafel nicht zu nennen. Auch sollte Sidonies Nachname weggelassen werden.

Der Fraktionsführer der FPÖ wollte die Namensgebung sogar gänzlich verhindern. Er betonte, dass der Name „Sidonie-Adlersburg" das Haus abwerte (!).

Im Oktober 1999 starb Manfred Breirather – gemeinsam hatten wir wenige Wochen zuvor noch die Baustelle des Kindergartens besucht – dort, wo Sidi mit ihm und ihren Freundinnen gespielt hatte, direkt hinter ihrer ehemaligen Wohnung. Dort, wo auch das Foto mit der Puppe entstand (siehe Titelseite).

Die Einweihung hat er nicht mehr miterleben dürfen.

© 2018 Krapp & Gutknecht GmbH

„So war jedes Wort für Sidonie ein Wort von außen“
Der Weg zum „Sidonie-Adlersburg“-Kindergarten in Sierning

Erich Hackl kritisierte, dass es vor allem „Anstöße von außen“ waren, die das Erinnern voranbrachten:

„Im Mai soll der ‚Sidonie-Adlersburg‘-Kindergarten feierlich eröffnet werden. Gut so! Aber richtig freuen kann ich mich nicht. Denn viel zu lange hat sich kein Ortsansässiger [...] öffentlich für ein Gedenken an Sidonie eingesetzt. Und wenn es nur die drei Lehrlinge gewesen wären, die ich ganz zu Beginn meiner Arbeit herbeigewünscht hatte – die Mauer des Schweigens wäre schon vor Jahren eingestürzt. So aber war jedes Wort für Sidonie ein Wort von außen, und gegen außen muß man sich bekanntlich wappnen ...“

Erich Hackl, Materialien zu „Abschied von Sidonie“. Zürich 2000, S. 23.

Am **23. September 2000** schließlich wurde in Sierning-Letten der neue Gemeindekindergarten „Sidonie-Adlersburg“ eingeweiht. **Eine Inschrift erinnert an Sidonie:**

Dieser Kindergarten der Marktgemeinde Sierning entstand im Gedenken an das Roma-Mädchen Sidonie Adlersburg. Sidonie verbrachte ihre ersten zehn Lebensjahre in Letten bei der Familie Josefa und Hans Breirather, die sich liebevoll ihrer angenommen hatten. 1943 wurde Sidonie im Konzentrationslager Auschwitz ermordet.

Mit ihr ehren wir alle Opfer des nationalsozialistischen Rassenwahns.

„Sidonie-Adlersburg“-Kindergarten in Sierning-Letten, im Hintergrund rechts das Haus, in dem Sidonie mit Familie Breirather lebte

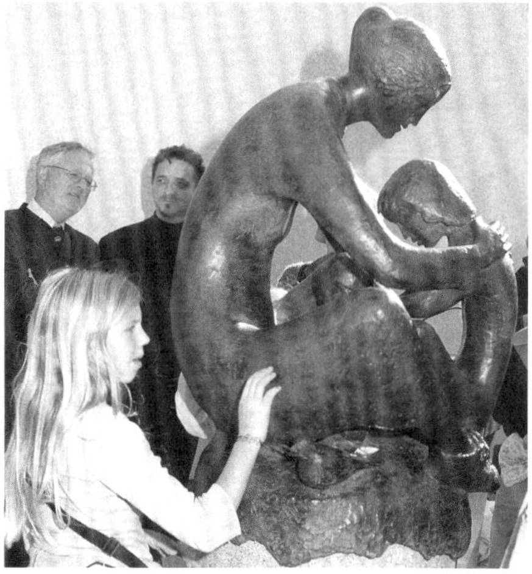

Vor dem Kindergarten steht das Denkmal des Steyrer Bildhauers Gerald Brandstötter, † 17.07.2004. (Hintergrund, Bildmitte)

Fotos: Günter Krapp

Gerald Brandstötter beschreibt, was er mit seiner Plastik vermitteln möchte:

„Das Kind hält die Kugel – Symbol für die Welt, das Leben auf ihr und die nachkommenden Generationen. Die Mutterfigur beugt sich schützend über Kind und Kugel. Aus diesen drei Elementen formt sich, ausgehend vom Ursprung der Kugel, die Lebensspirale.“

Bei der Einweihung las eine Schülerin der Realschule Bissingen eine von ihr verfasste Rede aus der Sicht Manfred Breirathers vor. Ihre Klasse hatte sich mehrfach an die Gemeinde Sierning gewendet, die Schüler/-innen hatten selbst 500 DM gespendet und die Steyr Daimler Puch AG dazu bewegt, 3 500 Euro zu spenden.

Erich Hackl stellte in seiner Rede die Gegenwartsbezüge und das Schämen heraus:

„Alle kennen Sidonie Adlersburg, auch wenn bis auf Hilde Polterauer, die als ihre Schwester aufgewachsen ist, kaum jemand der hier Anwesenden persönliche Erinnerungen an sie hat: Sidonie, ein Mädchen, das seine ersten zehn Lebensjahre hier in Letten zugebracht hat, ehe es von den nationalsozialistischen Behörden seinen Pflegeeltern, dem Ehepaar Hans und Josefa Breirather, entrissen und im Vernichtungslager Auschwitz-Birkenau ermordet wurde. Das ist lange her, länger als ein halbes Jahrhundert.

Sidonie – Sidi – wäre heute 67 Jahre alt, Großmutter oder gar Urgroßmutter, die ihre Urenkel hierher begleitet, in den neuen Kindergarten, oder am Nachmittag abholen kommt.

Was lange her ist, ist deshalb noch nicht verschwunden. [...] Dieser Satz trifft auch auf Sidonie zu, auf ihr Leben und auf die Umstände ihres frühen gewaltsamen Todes. Sidis Geschichte gehört zu unserer Gegenwart und zu diesem Ort,

© 2018 Krapp & Gutknecht GmbH

an dem sie geatmet, gespielt, gelacht und geweint hat, an dem sie müde war oder fröhlich oder traurig oder ängstlich. Ein paar Steinwürfe weit von hier, im Haus an der Lettenstraße hat sie gewohnt und von den vielen Erinnerungen, die ihre Pflegemutter Josefa Breirather und ihr Ziehbruder Manfred zeitlebens behalten haben, will ich nur zwei oder drei in Erinnerung rufen, denn die Zeit ist knapp und die Prominenz drängt nach Hause ... Der 29. März 1943 war ein schwerer Tag, der schwerste im Leben von Hans und Josefa Breirather, denn sie ahnten, was Sidi bevorstand, mussten ihre Verzweiflung aber vor dem Kind geheimhalten. Jemand, die gute Frau Hinteregger oder eine von Josefas Tanten, hatte Sidi einmal eine Halskette geschenkt und Fred fragte nun seine Mutter, ob er dieses Ketterl denn nicht haben könnte, jetzt wo Sidi wegkommt. Seine Mutter wies ihn zurecht, oder vielleicht schaute sie ihn auch diesmal einfach nur stumm an, und das genügte.

Erich Hackl

Foto: Günter Krapp

Fred hat geweint, als er diese Episode – viele Jahre später – erzählte, ich hab die Tränen in seinen Augen gesehen, Tränen des Erinnerns an den Verlust seiner Schwester, aber auch Tränen der Scham über sich selbst, weil er seiner Ansicht nach falsch gehandelt hatte, und ich frage: Warum war Fred, gerade er, der Einzige in Letten und Sierning, der fähig war sich zu schämen ...

Wer der hier Anwesenden kann die Gefühle von Versagen und Scham begreifen? Jeder und jede. Das sind sehr gegensätzliche Gefühle, Gefühle, die auch in der Zukunft – gleich welcher – noch empfunden werden. Deshalb ist es wegweisend, dass der Kindergarten den Namen eines Kindes trägt – eines sehr zerbrechlichen weil schutzlosen Wesens.

Scham, Schuld, Schmerz. Das sind Empfindungen, die jedem Menschen eigen sind, ja die zum Menschsein gehören wie die angenehmen Seiten unseres Lebens, Freude, Zufriedenheit, Erfüllung. Weder das eine noch das andere ist vergangen, es begleitet unsere Gegenwart, die der Erwachsenen und die der Kinder, die dieses Gebäude mit Leben füllen und die so leben mögen, wie Sidonie gelebt hat, mit solchen Eltern und Geschwistern, die fähig sind zur Fürsorge und mutig genug, sich zu schämen.“

Manfred Kalchmair, Bürgermeister von Sierning, ging in seiner Ansprache auch darauf ein, dass die Gemeinde so lange gezögert hatte:

„Die Gemeinde löst mit der Namensgebung eine Schuld ein, eine Schuld, die schon zu lange besteht. Ich kann als Bürgermeister nur hoffen, dass es nicht zu spät ist und um Verzeihung bitten, dass es mehr als 50 Jahre gedauert hat, bis die Marktgemeinde ihrer Vergangenheit in die Augen sehen konnte. Es macht mich aber traurig, dass ich heute einen Mann nicht mehr begrüßen konnte. Ich möchte ihn aber dennoch nennen, er hat sein ganzes Leben daran gearbeitet, dass seiner Sidi ein Denkmal gesetzt wird, Manfred Breirather [...]. Ich möchte ihm postum danken für das, was er gegen das Vergessen und Verdrängen getan hat.“

Paula Breirather enthüllte das Denkmal:

„Wie Sie wissen, war es immer, und je weiter die Zeit fortschritt umso drängender, Freds Anliegen, gegen das Vergessen anzugehen und es war sein großer Wunsch, die Eröffnung des Kindergartens, der den Namen Sidonie Adlersburg trägt, mitzuerleben. Das war ihm leider nicht beschieden und mich tröstet nur, dass er von dem Vorhaben bereits unterrichtet war.

In diesen Trost mischt sich freilich auch Bitterkeit darüber, dass es so lange gedauert hat, bis es zum öffentlichen Bekenntnis zu einem Kind dieser Gemeinde gekommen ist. Ich weiß, es gab Widerstände gegen dieses Vorhaben. Widerstände, die meinem Mann weh getan haben und ich will nicht so tun, als ob das alles vergessen wäre. Trotzdem freue ich mich und ich weiß, stünde statt meiner jetzt Fred hier, auch er würde sich freuen. Ich bin stolz auf ihn, so wie er stolz auf seine Eltern war, und ich liebe in Sidonie Adlersburg die Schwägerin, die ich nicht haben durfte.“

Stellvertretend für Manfred Breirather erhielt Paula Breirather von der Gemeinde Sierning eine verkleinerte Kopie des Denkmals überreicht. Paula Breirather starb am 1. Februar 2004.

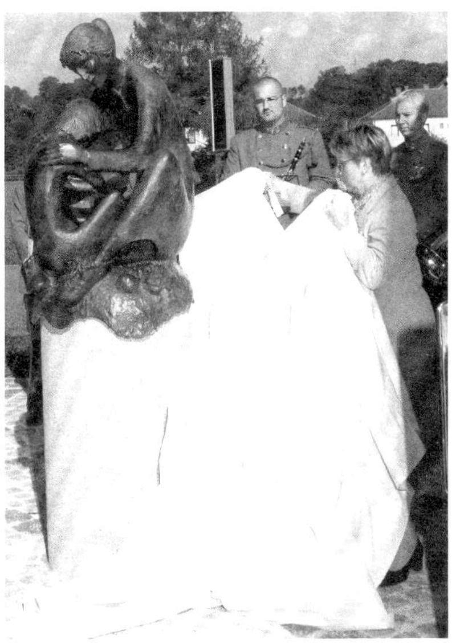

Foto: Günter Krapp

Paula Breirather bei der Enthüllung des Denkmals

© 2018 Krapp & Gutknecht GmbH

Erich Hackl im Gespräch

Wien, 5.7.1998 (Auszüge)

Herr Hackl, wie kamen Sie zum Stoff der Sidonie?

Auf diesen Stoff bin ich im Zusammenhang mit meinem Interesse für die Steyrer Zeitgeschichte gestoßen. Ich hatte den Wunsch, über die 20er-, 30er- und 40er-Jahre in meiner Heimatstadt Steyr mehr zu erfahren.

Als Schüler habe ich relativ wenig erfahren über den Februar '34, der für Österreich ein wichtiges politisches Ereignis war, wenig auch über die Zeit des Nationalsozialismus. Sie war vorüber und dennoch präsent. Mir war daran gelegen, das Unsichtbare zu suchen.

Bei meinen Recherchen habe ich den Widerstandskämpfer Franz Draber kennengelernt. Einmal sind Draber, seine Freunde und ich auf das Schicksal der Zigeuner zu sprechen gekommen als einer Bevölkerungsgruppe, denen nicht einmal gestattet war, sich als Opfer zu sehen.

Die Drabers wiesen mich auf ihren Nachbarn, Manfred Breirather, hin, der gegen das Totschweigen und das Schicksal seiner Schwester Sidonie ankämpfte. Bis dahin war mir diese Geschichte unbekannt, wie sie in der Region Steyr unbekannt war.

Man merkt bei der Geschichte früh, dass sie Ihnen an die Nieren geht.

Meine Bewegtheit hat im Lauf der Suche zugenommen. Auch dadurch, dass es sich um einen realen Fall handelt. Ich habe, was für mich das Beeindruckendste war, Josefa Breirather kennengelernt, für die das Leben und der Tod Sidonies nach so viel Jahrzehnten gegenwärtig war. Der Verlust Sidonies und die Umstände ihres Verschwindens waren für sie bis zuletzt eine offene Wunde. Je mehr ich auf die Menschen zugegangen bin, und ich musste auf sie zugehen, und je intensiver ich auch mit ihnen gesprochen habe, umso stärker ist meine Erschütterung geworden. Ich bin gezwungen, dies ist in allen meinen Arbeiten dasselbe, diese Erschütterung auch literarisch auszudrücken. Ich bin verpflichtet, den Menschen gerechtzuwerden, über die ich schreibe.

Ich wollte, indem ich über Sidonie und ihre Pflegefamilie schrieb, den Mantel des Schweigens zerreißen. Insofern ist die Erzählung so etwas wie eine Gedenktafel.

Wie findet der Autor Hackl die passende Form für seine Themen?

Die Erzählung ist die dritte Realisierung, die dritte Annäherung. Zunächst schrieb ich einen Prosatext von vielleicht neun oder zehn Seiten, der von der Struktur bereits alles aus dem Buch enthält.

Da waren mir einige Daten noch nicht bekannt, vor allem kannte ich nicht den Fürsorgeakt, der von Sidonie existiert. Ich wusste nicht von der Möglichkeit, dass Sidonie hätte gerettet werden können, dass dieses Ende gar nicht so zwangsläufig war. Die Anordnung von der Kripo Innsbruck, das Mädchen nach Tirol zu überstellen, war nicht so eindeutig, es hätte noch Möglichkeiten gegeben, Sidonie bei der Familie Breirather zu lassen.

Ein zweites Manuskript ging von einem fiktiven Rahmen aus. Drei Mitglieder der Gewerkschaftsjugend, drei Lehrlinge aus Letten, stoßen auf diese Geschichte, machen die Absichten der Pflegeeltern zu den ihren und setzen sich dafür ein, dass es diese Gedenktafel für Sidonie gibt. Diese Erzählung wurde veröffentlicht. Sie hat nichts bewirkt.

Weil ich im Zuge der Arbeit auf immer neue Details gekommen bin, entstand daraus die Erzählung, so wie sie als Buch vorliegt. Es gab einen Moment, in dem ich das Gefühl hatte, mir würde diese Geschichte nicht gelingen. Meine Ansprüche, einerseits eine Erzählung jenseits des Dokumentarismus zu schreiben, andererseits nicht auf die Treue gegenüber den mir berichteten Tatsachen zu verzichten, schienen nicht zueinander zu passen. Eine Erzählung hat literarische Eigengesetze, die sich schwer in Einklang bringen lassen mit dieser Verpflichtung zur Treue. Manchmal wäre es besser, wenn etwas anders geschehen wäre.

Ich habe mitten in diesen Schwierigkeiten das Angebot erhalten, ein Drehbuch zu schreiben. Als es fertig war, hatte ich wieder den Schwung, um die Erzählung weiterzuschreiben.

Manfred Breirather meinte im Gespräch mit uns, beim Lesen Ihrer Erzählung habe er manchmal das Gefühl, der Hackl sei in der Stube zu Hause gesessen.

Es war mir bewusst, dass die Rekonstruktion der öffentlichen Ereignisse, der Zeitgeschichte kompliziert oder langweilig sein könnte. Deshalb habe ich versucht, die trockenen Rekonstruktionen beim Schreiben in das Erzählerische zu integrieren. Das liegt bei den Breirathers auf der Hand, weil sie mit den öffentlichen und politischen Ereignissen in Österreich so eng verflochten waren. Ihr Schicksal war nicht zu trennen von Österreich in den Dreißigerjahren. Beim Lesen von Literatur hat man meiner Ansicht nach auch immer einen Anspruch darauf, einiges zu erfahren.

© 2018 Krapp & Gutknecht GmbH

Erich Hackl im Gespräch

Es ist wichtig zu wissen, dass die österreichische Geschichte von der in Deutschland abweicht, auch ist die Darstellung der Ereignisse im Februar 1934 für das Verstehen der Geschichte wichtig.

Eine rein dokumentarische Darstellung hätte sich in der Wirksamkeit auf Österreich beschränkt. Literarische Mittel eröffnen größere Möglichkeiten.

Viele Passagen in Ihrer Erzählung sind erfunden. Sie waren nicht dabei, als die Erzieherin Grimm Sidonie in Hopfgarten übergab. Welche Mittel haben Sie verwendet, um solche Lücken zu schließen?

Die Montage zum Beispiel. Das Schreiben im Konjunktiv, um zu zeigen, dass es meine persönliche Sichtweise ist, andererseits als Mittel der Distanz und als Möglichkeitsform: So war es, war es so? Im Wesentlichen erschöpft sich der „fiktive" Gehalt dessen, was ich geschrieben habe, in der Organisation des Materials und in seiner sprachlichen Einverleibung. Mir ist eigentlich nicht bewusst, dass ich etwas „erfunden" hätte. Und wo ich es getan habe, ist die Erfindung von Zeugen, auf die ich erst spät gestoßen bin, bestätigt worden. So war es bei der Episode von der Puppe, die Sidonie auf ihrer letzten Fahrt begleitet: Die hat mir dann Joschi Adlersburg erzählt – zu einem Zeitpunkt, als ich sie schon im Drehbuch aufgenommen hatte.

Hatte Josefa nach Sidonies Weggehen noch Hoffnung, wusste Hans Breirather genauer als seine Frau Josefa, was mit ihr geschehen würde?

Für Josefa war der Moment, in dem sie sich am Steyrer Bahnhof von Sidonie verabschieden musste, das Schlimmste. Das Gefühl „Das Dirndl, das sehen wir nicht wieder". Dieser Schmerz hat sich bis an ihr Lebensende gehalten.
Sie hat die Episode mit dem Nachbarn Fink nie erfahren (Anmerkung: Dieser hatte Sidonie im Zug nach Auschwitz gesehen und den Zielort erfahren). Das hat ihr ihr Mann nie gesagt, das hat ihr der Fred nie gesagt. Sie ist gestorben ohne diesen letzten Schmerz. Für Hans Breirather und später für den Sohn Manfred wäre das praktisch wie ein Messer gewesen, das sie ihr in den Leib gestoßen hätten.

Lassen Sie uns die Frage nach Verantwortung und Schuld ansprechen. Wussten die Breirathers und die Amtsleiterin Kern, was Sidonies Abschiebung bedeuten würde?

Bei den Daten bin ich auf die schriftlichen Dokumente angewiesen. Diese waren mir durch die Fürsorgeakte zugänglich. Wir wissen, dass Dokumente nicht die ganze Wahrheit sind. Ich nehme auch an, dass die Verständigung zwischen der Kripo Innsbruck und der Kern schon früher kam, telefonisch. Das ist das, was mich schon immer verblüfft hat, diese wahnsinnig kurze Frist, innerhalb derer Sidonie abgeschoben wurde.

Das Verhalten der Behörden, des Jugendamts, der Grimm, der Kern und anderer bezeichnen Sie mit „Bestialität des Anstands". Worin sehen Sie diese Bestialität heute?

Sie haben mir vom Foto, das Sie vom Haus der Breirathers aufgenommen haben, erzählt. Heute käme Sidonie als Bosnierin oder als Kurdin die Stiege herunter. Nehmen wir einen Beamten im österreichischen Innenministerium, der über Asylanträge entscheidet. Der hat seine Textbausteine im Computer und der Name wird dann eingefügt. Das ist genau der Punkt, genau der Punkt. Und was dann mit denjenigen geschieht, mit X oder Y, wenn sie abgeschoben werden, wenn das Flugzeug landet, wenn sie verschleppt und gefoltert werden, das sieht der Beamte ja nicht mehr. Und das sehen wir auch nicht. Wir sind ja auch nicht gefeit, uns in Situationen, die über Leben und Tod anderer entscheiden, richtig zu verhalten.

Das ist der Punkt, den Schüler, mit denen ich gesprochen habe, erkannt haben.

Ist der Fall einer Rettung in der Steiermark verbürgt?

Er wurde mir von der Margit Reiss, das ist der wirkliche Name des Findelkindes, so mitgeteilt. Genaue Einzelheiten, die über meine Schilderung hinausgehen, wusste sie nicht anzugeben. Sie war ein Kind damals und ihre Pflegeeltern sind tot. Die Parallelität des Falls hat mich verblüfft.

In der Philosophie werden zwei Seiten des Handelns unterschieden: das Tun und das Lassen. Beides sind jedoch Handlungen, für die wir Menschen verantwortlich sind.

Dies fasst das Anliegen meiner Erzählung in einem Satz zusammen.

© 2018 Krapp & Gutknecht GmbH

Erich Hackl im Gespräch

Haben Sie erfahren, weshalb Sidonie von ihrer leiblichen Mutter ausgesetzt wurde?

Joschi Adlersburg hat mir gesagt, das Kind wurde ausgesetzt, weil die Mutter Angst hatte, es würde nicht den Winter überleben. Das Kind war ja tatsächlich sehr schwach, sehr krank. Es könnte auch sein, dass die Mutter sozial verwahrlost war.

Die Mutter hat Joschi jedenfalls gesagt, dass er eine Schwester habe und dass es der gut ginge. Vielleicht erklärt sich daraus das Gefühl der Breirathers, von Zigeunern beobachtet zu werden.

Wie kamen Sie auf den Erzähltitel „Abschied von Sidonie“?

Ich glaube, dass es mir um einen Begriff ging, der beides in sich birgt, das Trennende wie das Aufheben der Trennung. Und das ist für mich der Abschied. Solange wir noch die Möglichkeit haben, uns von jemand zu verabschieden, sind wir noch nicht getrennt.

Wir können räumlich getrennt sein, eventuell auch zeitlich. Aber es ist noch eine Bindung möglich. Während der Verlust dann eintritt, wenn der Abschied nicht möglich ist.

Manfred Breirather fehlt der Abschied, er war nicht da, als Sidonie ging.

Ja, aber Fred, der mit seiner Mutter zusammen die Inschrift auf den Grabstein meißeln ließ, weiß, wie geborgen Sidonie bei seiner Familie war. Was Besseres gibt es ja nicht.

Was ihn schmerzt, sind diese Jahrzehnte der Missachtung, von außen, von der Gemeinde, den Nachbarn, offiziellen Stellen. Eine Missachtung nicht nur Sidonies, sondern auch seiner Eltern. Das ist der Stachel, dazu kommt noch die Marginalisierung als Kommunist.

Haben Sie von Sidonie schon Abschied genommen?

Ja und nein. Die Geschichte lebt ja weiter, weil die Leser sie wie eine große Stafette von mir übernehmen. Das Buch hat für österreichische Verhältnisse eine unglaublich große Verbreitung gefunden, gerade auch unter Jugendlichen. So gesehen könnte ich Abschied nehmen. Aber es gibt zwei Gründe, warum mich diese Geschichte nicht loslässt. Da ist einerseits die Freundschaft mit Fred Breirather, eine schöne Nebenwirkung der Literatur. Andererseits komme ich ja nicht weg von der Geschichte, solange die Gemeinde Sierning sich nicht zu dem Mädchen bekennt, öffentlich und bindend. Was Sierning betrifft, ist es dieser Irrglaube, dass man Geschichte als etwas Vergangenes sozusagen wegwischen kann und dass es nichts mehr mit dem Leben zu tun hat. Aber diese Geschichte bestimmt immer noch unsere Gegenwart. Nicht nur diese Geschichte, jede Geschichte.

Manfred Breirather hat unseren Verlagsbrief an ihn, in dem wir unser Buchprojekt zu Ihrer Sidonie vorstellten, Gemeinderäten in Sierning gezeigt. Und nun kommt wieder Bewegung in die Geschichte. Ein Gemeinderat teilte ihm mit, dass er die Frage nach einer Gedenktafel noch einmal vortragen möchte.

Das ist eigentlich das Schönste, was Ihnen passieren kann, wenn die Arbeit zu den Unterrichtsmaterialien dazu führen würde, seinem Anliegen zu helfen.

Jedes Denkmal, das zustande kommt, das einem konkreten Menschen mit Namen und Vornamen gewidmet ist und das aufgrund von Bemühungen Einzelner entsteht, ist nach wie vor wichtig, nicht wegen des Denkmals an sich, sondern wegen der Bemühungen, die notwendig sind, es durchzusetzen.

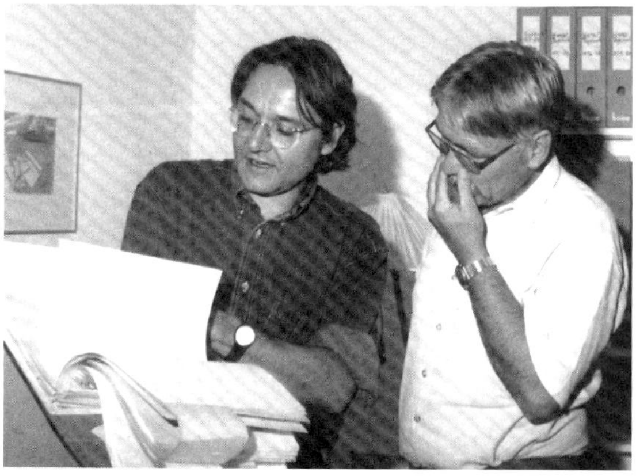

Günter Krapp mit Erich Hackl
bei der Durchsicht von Rechercheunterlagen
zu „Abschied von Sidonie“

© 2018 Krapp & Gutknecht GmbH